増補版

藤原道長の権力と欲望——紫式部の時代◎目次

本書は『藤原道長の権力と欲望　「御堂関白記」を読む』（文春新書、二〇一三年）に「紫式部と『源氏物語』」の章を加え、増補改訂したものです

はじめに

『御堂関白記』は何故に貴重か？

二〇一一年五月十一日、藤原道長《ふじわらのみちなが》が記した『御堂関白記《みどうかんぱくき》』が『慶長遣欧使節関係資料《けいちょうけんおうしせつかんけいしりょう》』と共に、日本政府から初めて国際連合教育科学文化機関（ユネスコ）の三大遺産事業の一つである記憶遺産（英語名 Memory of the World なので、「世界の記憶」と訳す方が正しい）に推薦されることが決まり、私は推薦に関わる仕事に携わることになった。

その直後の五月二十五日、福岡県田川市と福岡県立大学が独自に二〇一〇年にユネスコに提出していた炭鉱記録画家・山本作兵衛《やまもとさくべえ》が描き残した筑豊《ちくほう》の炭鉱画が国内初の「世界の記憶」として登録されたというニュースが流れ、『御堂関白記』は日本初の「世界の記憶」ではなくなってしまった。「世界の記憶」の申し込みは、当時は原則的に政府および非政府機関を含むすべての個人または団体によって可能だったのである。

しかしまあ、日本政府から正式に推薦されたのは初めてであるし、その後、『慶長遣欧使節関係資料』はスペインと共同推薦となることになったので、その時点では、『御堂関白記』が日本政府から単独で推薦された唯一の「世界の記憶」候補であったことには変わりがない。二〇一三年六月十八日に開かれたユネスコの国際諮問委員会において、正式に「世界の記憶」に登録された。

では何故、『御堂関白記』は、たとえばイギリスの「マグナ・カルタ（大憲章）」やドイツの「ベートーヴェンの交響曲第九番　自筆譜」「ゲーテの文学遺産」、フランスの「人権宣言」、オランダの「アンネの日記」、韓国の「高麗大蔵経《こうらいだいぞうきょう》板」などと並ぶほどの史料的価値があるのであろうか。その辺の話から始めることとしよう。

日記という記述形式を定義するならば、「日付に沿って、その日か日をおかずに、毎日またはほとんどの日に記述する文章」ということになろうか。ところがそうなると、日本のいわゆる「日記文学」（この用語ができたのは昭和になってからである）のほとんど、『土《と》佐《さ》日記《にっき》』や『和泉式部《いずみしきぶ》日記《にっき》』『更級日記《さらしなにっき》』などは、厳密には「日記」ではなくなってしまう（『紫式部日記《むらさきしきぶにっき》』の記録的部分だけが例外である）。

それればかりか、世界的に見て、ヨーロッパはもちろん、中国や朝鮮諸国にも、古い時代の日記は、ほとんど残っていない。中国では紀元前の漢簡《かんかん》（竹または木の札に書かれた中国漢時代の文書や記録）などに記された出張記録などは存在するものの、それ以外では、わずかな起居注《ききょちゅう》（皇帝の言行の実録《じつろく》）や日録《にちろく》を除いては清《しん》朝になるまで、朝鮮でも李《り》朝になるまで、まとまった日記は残っていないのである。

そもそも外国では、為政者が自ら日記を書くことはほとんどなかった。中国では、皇帝には史官が付いていて、起居注として動静を記録したのである。それに対して、日本では天皇以下の皇族、公卿《くぎょう》以下の官人から武家、僧、神官、学者、文人から庶民に至るまで、日記を記録していた。そしてそれらの日記の多くが、現代にまで伝わってきた。

これらのことを知っていただければ、千年も前の平安時代の貴族たちの日記がたくさん残っている日本という国は、世界でもきわめて特殊であり、その中でも、日記を記録した記《き》主《しゅ》本人の日《ひ》次記《なみき》の自筆本がそのまま残っている『御堂関白記』が、どう表現していいかわからないほど貴重であることがおわかりいただけよう。しかも、それは名もない人物ではなく、日本史上、おそらくは最も強力な権力を手に入れ、その後の日本の国の有り様に大きな影響を及ぼした権力者の日々の記録なのである。

平安貴族は何故、日記を書いたのか？

では、何故に道長をはじめとする貴族たちは、日記を記録していたのであろうか。それは、中国で古い時代の日記がほとんど残されていないことと関連する。中国に古い時代の日記が見られないのは、一つには、自分の動静を記録する日記よりも、漢詩や散文などの文芸が重んじられたことによる。実際、中国では「日記」という語は、日付を伴わない考証・随筆・語録・家集などを指すことが多かった。

そして、中国で日記が書かれなかった最大の理由は、正史《せいし》（『史記《しき》』以下の、王朝による正式な歴史書）が連綿と作られ続けてきたことである。中国では、昔の先例を調べるには、本紀《ほんぎ》・列伝《れつでん》・志《し》・表《ひょう》などからなる紀《き》伝体《でんたい》で書かれた膨大な正史をひもとけば、だいたいのことはわかるようになっている。先ほど述べた起居注も、後世にまで残すような性格のものではなく、正史の原史料《げんしりょう》としての役割を終えれば、後は廃棄されることが多かったものと思われる。

これに対し、日本で平安時代中期以来、宮廷貴族の公家日記が数多く記録されているのは、『日《に》本書紀《ほんしょき》』から始まる正史（六国史《りっこくし》）の編纂が延喜《えんぎ》元年（九〇一）に選上された『日《に》本三代実録《ほんさんだいじつろく》』で廃絶してしまったことに起因している。正史が絶えてしまったために、貴族たちが当時の政治の根幹である政務や儀式などの公事《くじ》の式次第の遂行を確かめたくても、正史を参照することができなくなっていた。当時は政務や儀式を法令や先例どおりに行なうことが重んじられたから、正史を参照することができない以上、それに代わる先例の准拠として、日記の蓄積が求められたのである。六国史が作られていた九世紀以前の日記がほとんど残されていないことからも、それが裏付けられよう。

　平安貴族が日記を記した主な目的は、政務や儀式を詳細に記録し、違例《いれい》があればそれを指摘して、後世の子孫や貴族社会、場合によっては同時代の公卿連中に伝えるということであった。つまり、現代人が「日記」という言葉から思い浮かべる、「日々の内面的な思いをつづったもの」というよりは、政務や儀式の備忘録《びぼうろく》や出来事の記録に近いのである。

　だから学界では、平安貴族が残した日々の記録を、たいていは「日記」と呼ばずに「古記録」とか「記録」と呼んでいる。日本の日記はまさに、個人や家の秘記ではなく、同時代や後世の貴族社会に広く共有された政治的・文化的現象だったと言えよう。

　また、何故に日記を書いたかという問題とは別に、何故に日記が残ったかという問題も存在する。これは私の専門分野から離れるのであるが、何故日記が残ったのかは、先祖の日記を保存しつづけた「家」の存在と、記録＝文化＝権力であるという、日本文化や日本国家の根幹に通じる問題に関わっているのであろう。

それらの日記からは、平安貴族の生活と感情を活き活きと読み取ることができる。この本では、『御堂関白記』という貴重な史料を読み解くことによって、道長という日本史上でも最高度の権力を手に入れた人物が栄華を獲得し、そしてその栄華が欠けていく過程、さらにその間の生活、それに感情を再現してみたい。それによって、いわゆる公的な評伝よりも、道長やひいては平安貴族の内面にまで迫れるのではないかと考えている。

また、道長の時代には、『御堂関白記』だけでなく、藤原実資《さねすけ》の『小右記《しょうゆうき》』、藤原行成《ゆきなり》の『権記《ごんき》』という、道長の近辺に生きた二人を含めた三種の日記が存在した。この本では、これらを併読することで、道長の生活と感情をより立体的に再現したいと思う。

なお、原文は三つとも、「変体《へんたい》漢文」と称される和風の漢文である（文法も分量も性格も伝来過程も、記主によってまったく異なるのであるが）。この本では引用はすべて、現代語訳したものを掲げることとする。原文や現物の雰囲気をどこかで味わってみることも、是非お勧めしたい。

破却すべし、と道長は書いた

個々の貴族が日記を書く目的や動機、それに日記そのものの有り様は、実に様々であった。我々は残された記事をただ漠然と読むだけではなく、それぞれの日記の記述目的や、その性格や特徴、それぞれの日の記事の意味や背景を、常に念頭に置きながら、読み解く必要があるのである（時には、何故にこの日のこの出来事を書かなかったのかさえも）。

そこでまず、道長の『御堂関白記』、実資の『小右記』、行成の『権記』という三つの日記の記主の生涯と日記の特徴をおさえておこう。

まず、この本の主人公の藤原道長は、兼家《かねいえ》の五男として康保《こうほう》三年（九六六）に生まれた。母は藤原中正女《なかまさのむすめ》の時姫《ときひめ》。父の摂政《せっしょう》就任後に急速に昇進し、長徳《ちょうとく》元年（九九五）、兄である道隆《みちたか》・道兼《みちかね》の薨去《こうきょ》により一条《いちじょう》天皇の内覧《ないらん》（太政官《だいじょうかん》から天皇に奏上《そうじょう》したり天皇が宣下《せんげ》したりする文書《もんじょ》を、あらかじめ内見する、関白《かんぱく》に准じる職）となって政権の座に就いた。右大臣《うだいじん》、次いで左大臣《さだいじん》にも任じられ、内覧と一上《いちのかみ》（太政官首班）の地位を長く維持した。

道隆嫡男の伊周《これちか》を退けた後は政敵もなく、三条《さんじょう》天皇とは確執も生じたが、女の彰子《しょうし》・妍《けん》子《し》・威子《いし》を一条・三条・後一条《ごいちじょう》天皇の中宮《ちゅうぐう》として「一家三后《さんこう》」を実現した。長和《ちょうわ》五年（一〇一六）には後一条天皇の摂政となった。翌寛仁《かんにん》元年（一〇一七）にはこれを嫡男の頼通《よりみち》に譲り、寛仁三年（一〇一九）に出家したが（法名行観《ぎょうかん》、後に行覚《ぎょうかく》）、その後も「大殿《おおとの》」とか「禅閤《ぜんこう》」と呼ばれて、相変わらず権力を振るい続けた。法成寺《ほうじょうじ》を建立し、その阿弥陀堂《あみだどう》において万寿《まんじゅ》四年（一〇二七）、六十二歳（以下、年齢はすべて数え年による）で薨《こう》じた。

道長の日記である『御堂関白記』は、はじめは『入道殿御暦《にゅうどうどののごりやく》』『入道殿御日記《にゅうどうどののごにっき》』『御堂御日記《みどうごにっき》』『御堂御暦《みどうごりやく》』『法成寺入道左大臣記《ほうじょうじにゅうどうさだいじんき》』などと称され、後に『御堂御記《みどうぎょき》』という呼称が定着していた。道長は関白に就いたことはないので、これが相応《ふさわ》しかったのであるが、江戸時代の写本に『御堂関白記』という呼称が現われ、これが流布して公刊本にも用いられたため、現在も通用している。

道長は政権を獲得した長徳元年から日記を記し始め、寛弘《かんこう》元年（一〇〇四）からは継続的に書き続けている。現存するものは、長徳四年（九九八）から治安《じあん》元年（一〇二一）の間の、道長三十三歳から五十六歳までの記事である。摂関《せっかん》政治の全盛期を、豪放磊落《ごうほうらいらく》な筆致と独自の文法で描いている。

もともとは一年分を春夏を上、秋冬を下とした二巻からなる特注の具注暦《ぐちゅうれき》（陰陽寮《おんみょうりょう》の暦《れき》博士《はかせ》が作成し、年・月・日の吉凶などを注記した暦。毎年十一月朔日《さくじつ》に献上された）の二行分の間明《まあ》きに記した暦記《れきき》が三十六巻存在したと考えられるが、中世前期に摂関家が近衛《このえ》家と九条《くじょう》家に分立した際にこれらは分割され、現在、近衛家の陽明文庫《ようめいぶんこ》に所蔵されている自筆本は十四巻である。上下巻共に（つまり一年分）残っている年はない。ということは、二家で半年ずつ取り合ったのであろう。

　想像をたくましくすれば、近衛家は三十六巻のうちの半分、十八巻を取ったものの、四巻を近衛家から分立した鷹司《たかつかさ》家に譲った結果、現在は十四巻が残されているのであろうか。それはおそらく、自筆本が上下共に残っていない寛弘三年・長和二年・長和四年・長和五年・寛仁元年の上下いずれかの五巻のうち、四巻分であったものと考えられる（後述するが、長和三年は当初から残されていなかったものと思われる）。たぶん、自筆本を書写した江戸時代の写本である平松《ひらまつ》本が残っている長和二年を除いた四巻だったであろうか。

　平安時代後期、孫の藤原師実《もろざね》の時に、一年分一巻からなる古写本《こしゃほん》十六巻が書写された。自筆本の破格な漢文を普通の漢文に直そうとしたり、文字の誤りを正そうとしたりする意識が見られるが、自筆本の記載を尊重している箇所も多い（自筆本の記載を書き落としている場合もあるが）。大部分は師実の家司《けいし》である平定家《さだいえ》が書写したが、一部（合わせて三年分）は師実自身の筆（「大殿御筆」）によるものである。現在、陽明文庫に十二巻が所蔵さ

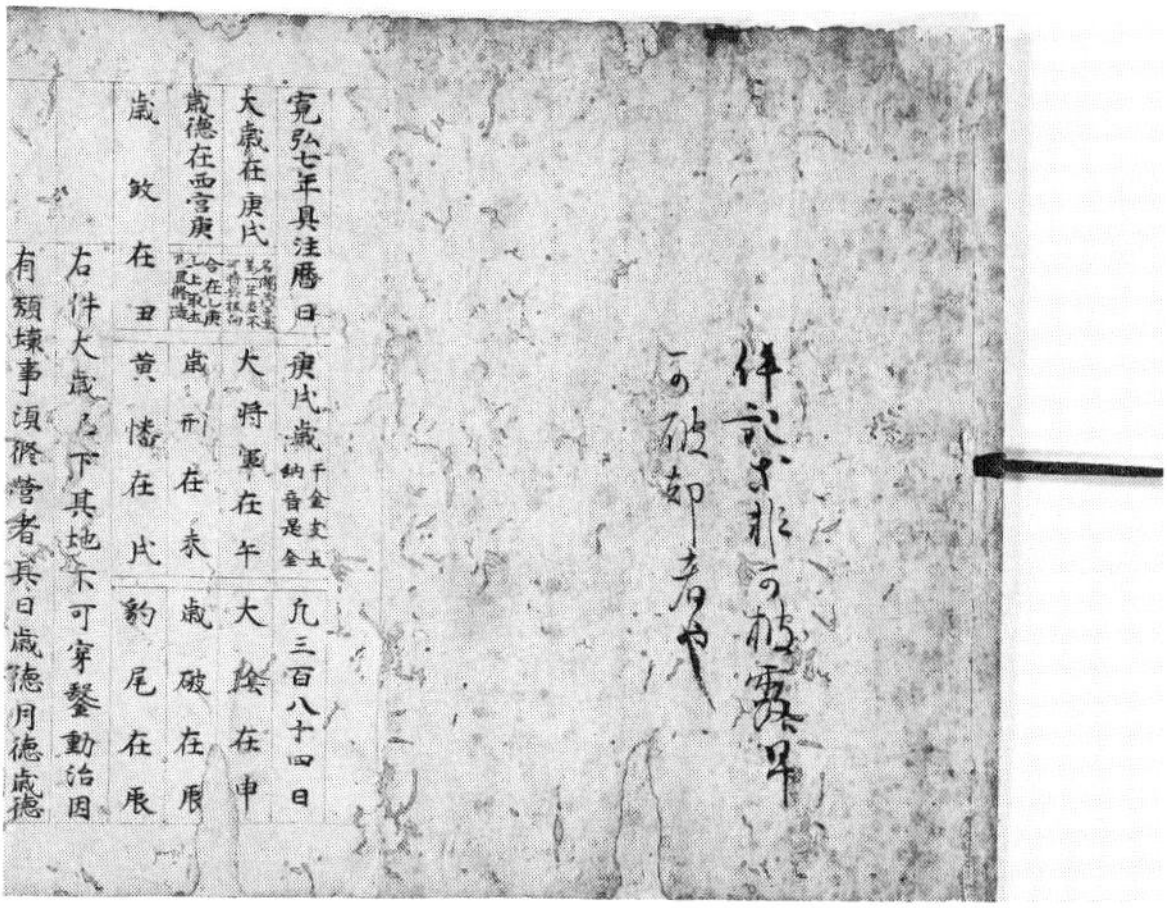

『御堂関白記』寛弘七年（1010）暦巻上標紙見返（自筆本、陽明文庫蔵）「件記等非可披露早可破却者也」と記されている

れている。

『御堂関白記』の最大の特色は、記主本人の記録した日次記が残っているという点にある。道長はどのようにしてこの日の記事を書いたのか、また書き替えたり抹消したりしたのか、誤記や紙背《しはい》に記した裏書《うらがき》も含めて、筆記の顚末がありのままにわかるのである。

また、自筆本のうち、寛弘七年暦巻上のみが、装丁が当時のままのものであるが、道長はこの標紙《ひょうし》の見返に、「件《くだん》の記等、披《ひ》露《ろう》すべきに非《あら》ず。早く破却《はきやく》すべき者なり」と書き付けている。道長は自己の日記を、後世に伝えるべき先例としてではなく、自分自身のための備忘録として認識していたことがわかる。この点、記主の存生《ぞんじょう》時から、記主以外の者も読むことを前提として書かれ、貴族社会の共有財産として認識されていた実資の『小右記』や行成の『権記』など一般的な古記録とは、決定的に異なる。

伝来の過程が単純明快である点、写本でさえも『小右記』や『権記』の最古の写本よりも古く、書写の過程が明らかな点も含め、『御堂関白記』は日本の古記録の中でもまったく特異な存在である。もちろん、道長の訓戒とは裏腹に、『御堂関白記』は子孫によって、摂関家最高の宝物として、厚く保護されてきた。

ご意見番の実資

次に藤原実資は、参議《さんぎ》斉敏《ただとし》の子として天徳《てんとく》元年（九五七）に生まれ、祖父である関白実頼《さねより》の養子となった。母は藤原尹文《まさふみ》の女。道長よりも九歳、年長ということになる。円融《えんゆう》・花山《かざん》・一条と三代の天皇の蔵人頭《くろうどのとう》に補されるなど、若くから有能ぶりを発揮した。忠平《ただひら》嫡男の実頼を祖とする小野宮流《おののみやりゅう》の継承者として、永祚《えいそ》元年（九八九）に参議、長徳元年に権中納言《ごんちゅうなごん》、長保《ちょうほう》三年（一〇〇一）に権大納言《ごんだいなごん》、寛弘六年（一〇〇九）に大納言《だいなごん》と進んだ。

朝廷儀式や政務に精通し、その博学と見識は道長にも一目置かれた。治安元年（一〇二一）、ついに右大臣に上り、以後、大臣在任二十六年に及んだ。関白頼通の信任を受け、「賢人右府《けんじんうふ》」と称された。永承《えいしょう》元年（一〇四六）、九十歳で薨去した。

実資の日記である『小右記』は、『野《や》府《ふ》記《き》』などとも称される。逸文《いつぶん》を含めると、二十一歳の貞元《じょうげん》二年（九七七）から八十四歳の長久《ちょうきゅう》元年（一〇四〇）までの六十三年間に及ぶ詳細な記録で、当時の政務や儀式運営の様子が、詳細かつ精確に描かれている。

『小右記』は実資の在世中にいったん日毎にばらばらに切られたと見られる。儀式毎にまとめた部類記《ぶるいき》を作るためである。実資の薨去によってその計画は頓挫し、それをまた貼り継ぎしたものを書写したものが、古写本の基になっていると推測されている。その過程で、『小記目録《しょうきもくろく》』と呼ばれる目録も作成された。

『小右記』の写本としては、平安・鎌倉期の書写とされる前田本三十七巻（甲乙二種、尊《そん》経閣文庫《けいかくぶんこ》蔵）、同じく平安・鎌倉期の書写とされる九条家旧蔵本十一巻（宮内庁書陵部《くないちょうしょりょうぶ》蔵）、鎌倉期の書写とされる伏見宮《ふしみのみや》家旧蔵本三十二巻（宮内庁書陵部蔵）、室町期の抄写《しょうしゃ》とされる三条西公《さんじょうにしこう》本二冊（宮内庁書陵部蔵）が、古写本として存在する。一部の年は、江戸期に書写され、明治時代の補写を加えた秘《ひ》閣《かく》本（内閣文庫《ないかくぶんこ》旧蔵）しか存在しない。

なお、『小右記』には兼家や道隆、道長など、政権担当者に対する批判的な記事が多いが、それは日記の中だけでの批判である。実資自身は、現実の生活では彼らと良好な関係を続けていた点に留意しなければならない。また、儀式に際して違例《いれい》を行なった貴族に対する批判も激しいが、『小右記』が実資の生前から宮廷社会において読まれていたことを考え併せると、不思議でならない。

道長側近の行成

藤原行成は、摂政伊尹《これまさ》の孫、右少将《うしょうしょう》義孝《よしたか》の子として、天禄《てんろく》三年（九七二）に生まれた。母は源保光《やすみつ》の女。忠平二男の師輔《もろすけ》を祖とする九条流《くじょうりゅう》藤原氏の嫡流とも言える家系ではあるが、祖父伊尹が天禄三年、父義孝が天延《てんえん》二年（九七四）に薨去してしまい、行成は青年期は不遇であった。長徳元年に蔵人頭に抜擢され、一条天皇や東三条院《ひがしさんじょういん》詮子《せんし》、道長の信任を得て、以後は昇進を重ね、寛仁四年（一〇二〇）に権大納言に至った。

一条天皇の側近として、また顧問の臣として、その信任も厚かった行成であるが、彰子立后や敦成《あつひら》立太子《りったいし》など重要な局面においては、道長の側に付き、一条の説得にあたった。公卿社会に有力な血縁や姻戚を失なった行成とすれば、道長に接近して厚遇を受けること、そしてその結果として昇進することだけが、名門たる家を存続させることのできるただ一つの方途であった。実資から「恪勤《かくご》の上達部《かんだちめ》」（道長に追従《ついしょう》する公卿）と揶揄《やゆ》されても、それは仕方のないことだったのである。

公務に精励し、王権内部の連絡に奔走したほか、諸芸に優れ、特に書では小野道風《おののみちかぜ》の様式を発展させた温雅な書風で和様書道の大成者とされ、三蹟《さんせき》の一人と称された。また、宣《せん》命《みょう》を読むのが得意だったようで、即位式など重要な儀式でしばしば宣制《せんせい》の役を勤めている。万寿四年（一〇二七）十二月四日、道長と同日に五十六歳で薨じた。

行成の日記である『権記』の名は、極官《ごくかん》（その人の任じられた最高の官）の権大納言による。二十歳の正暦《しょうりゃく》二年（九九一）から寛弘八年（一〇一一）までのものが伝存し、これに五十五歳の万寿三年（一〇二六）までの逸文が残っている。特に蔵人頭在任中の活動が詳細に記されており、当時の政務運営の様相や権力中枢の深奥《しんおう》（宮廷の秘事《ひじ》）を把握するための第一級の史料である。

『権記』は日次記、別記《べっき》、部類記などが複雑に伝来して、現在の形に至っているものと考えられる。現存する『権記』の最古の写本は、鎌倉期の書写とされる伏見宮家旧蔵本二十二巻（宮内庁書陵部蔵）である。一部は江戸期に書写された前田本（尊経閣文庫蔵）しか存在しない年もある。

なお、私は『御堂関白記』『権記』『小右記』の現代語訳を先に上梓し、訓読文については、国際日本文化研究センターのホームページ（https://rakusai.nichibun.ac.jp/kokiroku/）に「摂関期古記録データベース」として、『御堂関白記』と『権記』『小右記』を公開している（『春記《しゅんき》』『左経記《さけいき》』など他の古記録三十三種も公開済）。利用者登録なしで誰でも使えるようにしてあるので、是非ご利用いただきたい。

それではこれから、『御堂関白記』『小右記』『権記』という三つの日記を併せ読むことによって、道長の栄華への過程とその後を描き出していくことにしよう。

第一章　脇役だった青年時代

藤原道長の主な住まいだった土御門第故地（現仙洞御所）

いまだ公卿《くぎょう》の地位にも上っていない藤原兼家《かねいえ》の五男（嫡妻《ちゃくさい》の藤原時姫《ときひめ》所生でも三男）として生まれた道長《みちなが》には、政権の座に就くことなど、およそ考えられないことであった。だいたい、道長の祖父にあたる九条流《くじょうりゅう》藤原氏の祖の師輔《もろすけ》は、すでに天徳《てんとく》四年（九六〇）に薨去《こうきょ》しており、道長が生まれた康保《こうほう》三年（九六六）の段階では、小野宮流《おののみやりゅう》藤原氏の実《さね》頼《より》が太政官《だいじょうかん》首班の地位を占めていた。翌康保四年には、実頼は関白《かんぱく》の座に就いている。

道長の父である兼家自身も、九条流藤原氏の中では長兄の伊尹《これまさ》の勢威に圧《お》され続けていた。伊尹は康保三年には参議《さんぎ》に過ぎなかったが、康保四年に権大納言《ごんだいなごん》、安和《あんな》二年（九六九）に大納言、天禄《てんろく》元年（九七〇）に右大臣《うだいじん》に上り、摂政《せっしょう》の座に就いた。一方、兼家は天禄元年、非参議《ひさんぎ》から中納言《ちゅうなごん》の座に上り、安和二年に参議に上っていた次兄の兼通《かねみち》を逆転した。

ところが、天禄三年に伊尹が病に倒れると、兼通・兼家の争いの末、兼通の方が内覧《ないらん》の地位を得て、政権を獲得した。円融《えんゆう》天皇生母であり、兼通の妹である安子《あんし》の「遺命《いめい》」によるものである。天延《てんえん》二年（九七四）には兼通は正式に関白の座に就いた。

その兼通が貞元《じょうげん》二年（九七七）に薨じると、次の関白に選ばれたのは、実頼の息男である頼忠《よりただ》であった。頼忠は寛和《かんな》二年（九八六）まで関白の座に居坐った。その間、兼家（右大臣に上ってはいたが）とその子たちは、雌伏の時代を過ごしていたのである（二七二頁略系図参照）。

摂関政治の仕組み

まずはじめに、摂関《せっかん》政治と称される当時の政治体制と、皇位継承の流れ、そして道長の置かれていた状況について、簡単に説明しておくことにしよう。

当時の政治は、あくまで太政官組織を基盤として運営されていたのであるが、天皇が幼少の場合には天皇大権を代行する摂政、また天皇の成人後には天皇への奏上《そうじょう》および天皇から宣下《せんげ》する文書《もんじょ》を内見する関白（道長の時代の場合は内覧）という職が置かれることが多かった。

そして摂関と天皇、また摂関と公卿層（大臣・納言《なごん》・参議および三位《さんみ》以上の上級官人。大臣・納言・参議は議定《ぎじょう》に参加する）、さらには天皇と公卿をはじめとする貴族層との間の、相互依存と妥協によって、政務や儀式が行なわれていた。摂関と天皇との間の関係の親疎

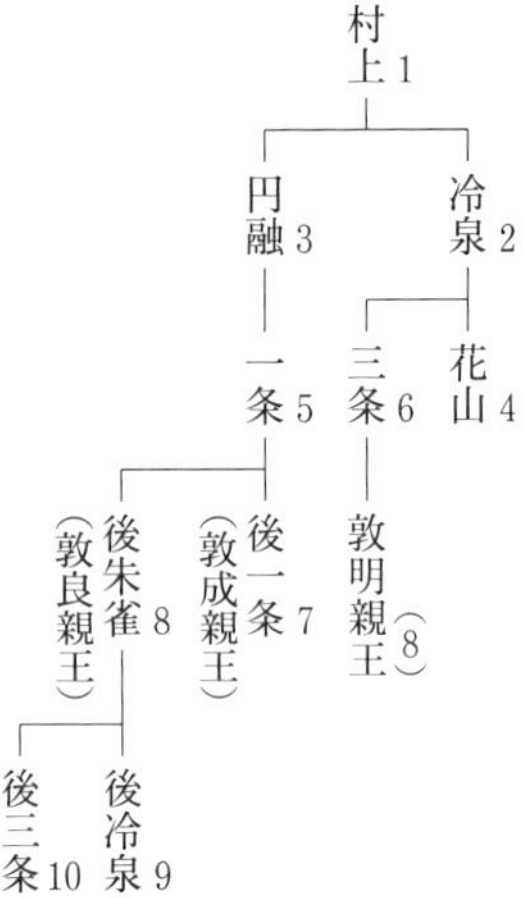

図1　迭立状態にあった皇統（数字は即位順）

は、そのミウチ関係の強弱に大きく左右された。

　ミウチ関係には血縁《けつえん》関係と姻戚《いんせき》関係があるが、血縁関係とは天皇と摂関との間に血縁関係が存在するか否かという問題である。たとえば摂関の女《むすめ》が天皇の生母（国母《こくも》）であった場合、摂関は天皇の外祖父《がいそふ》ということになり、摂関の姉か妹が天皇の生母であった場合、摂関は天皇の外舅《がいきゅう》ということになる。姻戚関係とは、摂関の血縁者が天皇の後宮《こうきゅう》に入っているか否か、そしてそのキサキが天皇の皇子《おうじ》を出産しているか否かという問題になる。天皇とミウチ関係にある摂関を「ミウチ人」、そうでない摂関を「ヨソ人」と呼んだ。

　次に当時の皇統の問題に触れよう。村上《むらかみ》天皇の後、皇統は冷泉《れいぜい》系と円融《えんゆう》系に分かれ、その後は交互に皇位に即く迭立《てつりつ》状態にあった。村上以降の皇位は、冷泉、円融、冷泉系の花《か》山《ざん》、円融系の一条《いちじょう》、冷泉系の三条《さんじょう》、円融系の後一条《ごいちじょう》（一条皇子敦成《あつひら》）というように、交互に天皇位を嗣いでいった（図1参照）。

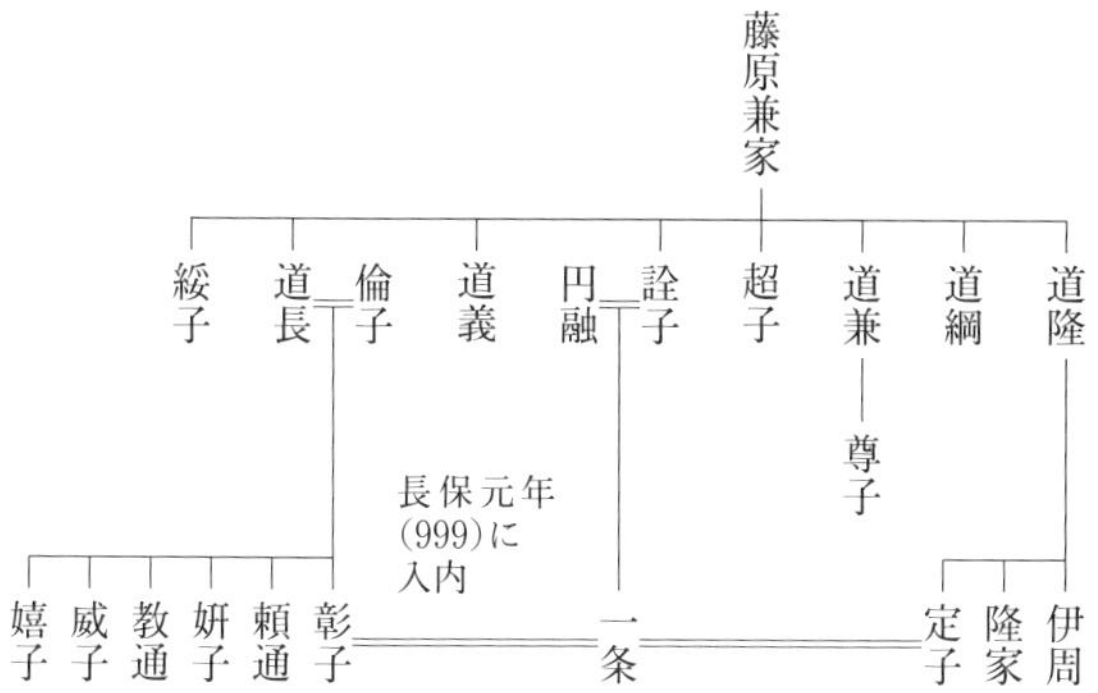

図2　藤原兼家の子供たち
（道長には他に7人の子供がいる）

後に冷泉系の敦明《あつあきら》親王（三条皇子）が皇太子の地位を降り、一条皇子の敦良《あつなが》（後の後朱雀《ごすざく》天皇）が立太子《りったいし》したことによって、円融皇統の独占が確立したが、道長の時代には、いまだ皇統は決していなかった。しかも当時は、あくまで冷泉系が嫡流だったのであり、数々の偶然の積み重ねによって、円融—一条系が皇統を嗣いでいくこととなったのである。

一方、藤原氏の方にも、いまだ摂関家と呼べるような家系は確立していなかった。基経《もとつね》の後、時《とき》平《ひら》—忠平《ただひら》と兄弟で政権を継承し、忠平の後も小野宮流の実頼《さねより》と九条流の師輔《もろすけ》兄弟が政権を争い、次の世代では師輔の子の伊尹《これまさ》・兼通《かねみち》、実頼の子の頼《より》忠《ただ》、師輔の子の兼家《かねいえ》と、両家がほぼ交互に摂関を継承した（二七二頁略系図参照）。

次の世代では兼家の子が摂関を継いだが、それは道隆《みちたか》—道兼《みちかね》と兄弟で継承された（図2参照）。兼家の五男に過ぎない道長などは、よほどの幸運に恵まれない限り、政権がまわってくることは考えられなかった。しかも、道隆は自分の次には弟たちにではなく、嫡男の伊周《これちか》に関白を譲ることを画策していた。

出世のきっかけは一条天皇の即位

道長が生まれた康保三年（九六六）というのは村上天皇の代であった。父兼家は三十八歳で、まだ公卿には上っていない段階であった。道長は天元《てんげん》三年（九八〇）に十五歳で従《じゅ》五位下《ごいのげ》に叙爵《じょしゃく》されるが、史料に初めて登場するのは、天元五年に昇殿《しょうでん》（天皇の側近である殿上人《てんじょうびと》となること）した際の『小右記《しょうゆうき》』の記事である。この時は実資《さねすけ》によって、「右大臣（兼家）の子道長」と記録されている。前年に蔵人頭《くろうどのとう》に補されたばかりで二十六歳の気鋭の実資にとっては、十七歳で兼家の五男に過ぎない道長などは、呼び捨ての対象だったのであろう。

ただし、同じ日の記事で、実資は道長に対し、「道長、是れ上臈《じょうろう》の子なり」という注釈を付けている。実資は道長がこれからどれだけ昇進して、どれほどの権力を手に入れるのか、どれくらい予測していたのであろうか。

その後、道長は永観《えいかん》元年（九八三）に侍従《じじゅう》、永観二年に右兵衛権佐《うひょうえのごんのすけ》に任じられたが、その昇進は格別に目立ったものではなかった。寛和《かんな》元年（九八五）二月二十一日に行なわれた堀河院御遊《ほりかわいんぎょゆう》では、引出物《ひきでもの》の馬に騎《の》る役を演じている（『小右記』）。

ところが、寛和二年（九八六）に兼家が花山天皇を出家させて外孫《がいそん》の懐仁《やすひと》親王を即位させ（一条天皇）、その摂政に就任するや、道長も急速に昇進を始める。この年、道長はまだ二十一歳。兄たちが兼家の雌伏期間中に青年期を過ごしたのに対して（この年、道隆は三十五歳、道兼は二十七歳）、道長は若年で父の全盛期を迎えることができ、末子であることがかえって有利に作用したことになる。

寛和二年のうちに蔵人《くろうど》、少納言《しょうなごん》、左少将《さしょうしょう》を歴任し、翌永延《えいえん》元年（九八七）に左京大夫《さきょうだいぶ》に任じられ、従三位《じゅさんみ》に叙されて公卿となった。この時点で実資を抜き去ったことになる。

ところが、永延元年四月十七日の賀茂祭《かものまつり》では、道綱《みちつな》（道長の異母兄。当時、右中将《うちゅうじょう》）と道長（同じく左少将）が車に乗ったまま車前を通ったというので、右大臣藤原為光《ためみつ》の従者《じゅうしゃ》多数が二人の車に投石を行なうという事件が発生した。二人は父の兼家に訴え、五月二十一日に為光が二人に釼《たち》を贈ることで決着している（『小右記』）。道長もまだ若く、兼家の庇護《ひご》下にあったのである。

永延二年には参議を経ずに、一挙に権中納言《ごんちゅうなごん》に任じられた。これ以降、実資は道長のことを、「新中納言」と官職で呼称するようになる。十二月四日には式部省試《しきぶしょうし》（式部省の行なう試験で、大学寮《だいがくりょう》の紀伝道《きでんどう》の学生《がくしょう》から選抜された擬文章生《ぎもんじょうしょう》が受ける。これに受かると文章生となり、その功労によって任官できる）にからんで「勇堪の従者」を放ち、式部少輔《しきぶのしょう》橘《たちばなの》淑信《よしのぶ》を捕え搦《から》めて、車に乗せずに徒歩で連行している。「天下の人が嘆いた所である」というのは（『小右記』）、道長の性急な性格を指しているのであろう。この年、道長はまだ二十三歳、血気盛んな若者であった。

永祚《えいそ》元年（九八九）に入ると、『小右記』に道長に関する記事が増えてくる。正月十四日の御《ご》斎会《さいえ》内論義《ないろんぎ》では、他の公卿と共に泥酔してなかなか参らず、一条の御前において喧《けん》嘩《か》（うるさく騒ぐという意味かもしれないが）を行ない、兼家を怒らせている。

四月二十八日に行なわれた兼家邸の競馬《くらべうま》では、道長は衣を脱いで乗り手に下賜《かし》している。実資はこれを批判しているが（『小右記』）、気前よく人々に禄を下賜するという後年の道長の特徴がすでに現われている記事である。これは十一月十三日に殿上人の食事を道長が調達しているのも同様である。これも後年、道長は官人によく夜食を振る舞ったりしているのである。

後ろ楯になってくれた姉・詮子

六月二十四日には、道長の同母姉で一条の生母である詮子《せんし》が病悩《びょうのう》し、危篤《きとく》となった。その際、雲林院《うりんいん》に籠居《ろうきょ》している定覚《じょうかく》を召す使者として、道長が派遣されている（『小右記』）。この時に詮子にもしものことがあったら、道長の未来も随分と違ったものになっていたことであろう。

正暦《しょうりゃく》元年（九九〇）の五月八日には、病の篤《あつ》くなった兼家が道長の長兄で三十八歳の道隆に関白の座を譲った（兼家は七月二日に六十二歳で薨去《こうきょ》）。なお、道隆は二十六日に摂政に遷《うつ》っている。

この年の正月二十五日には道隆長女で十五歳の定子《ていし》が十一歳の一条の後宮に入内《じゅだい》していたが、道隆は十月五日に、円融の中宮《ちゅうぐう》であった遵子《じゅんし》がいるにもかかわらず、遵子を皇后《こうごう》として、定子を中宮に立てた。本来、中宮というのは皇后の別称、もしくは三后《さんこう》（太皇太《たいこうたい》后《ごう》・皇太后《こうたいごう》・皇后）の総称だったのであるが、ここに皇后と中宮の地位が分離したことになる。もちろん、遵子と定子は別の天皇の后であるが、道長は後にこの手を一人の天皇の后に対して使うことになる。

道隆は道長を定子の中宮大夫《ちゅうぐうだいぶ》に任じたが、道長は何か含むところがあるのか、重服《じゅうぶく》（重い服喪）ということで立后《りつごう》の儀式に不参《ふさん》した（『小右記』）。

その一方で、道長の長女である彰子《しょうし》が、十二月二十五日に着袴《ちゃっこ》の儀を迎えた（『小右記』）。ようやく数えで三歳に過ぎない彰子を見て、道長は何を思ったであろうか。

正暦二年（九九一）九月七日には、道長は藤原顕光《あきみつ》と藤原公季《きんすえ》を含む四人を超越《ちょうおつ》（追い越すこと）して権大納言に任じられたが、残念ながら、『小右記』はこの日の記事を欠いており、実資の感想を知ることはできない。代わりに行成《ゆきなり》の『権記《ごんき》』がこの日の記事から伝わっているが、行成が記した任官宣命《せんみょう》には、道長の名は何故か載せられていない。

ともあれ、そのまま道隆政権が続けば、道長は単なる摂政の弟の公卿として、脇役を続けることとなったはずである。

ただし、気になる記事もある。この年の九月十六日に、詮子は出家して東三条院《ひがしさんじょういん》の院号を得ることとなった。初めての女院《にょういん》である（ちなみに二人目は道長女の彰子）。そして詮子は十一月三日に道長の土御門第《つちみかどてい》に出御《しゅつぎょ》し、ここを御在所《ございしょ》として過ごすようになった（『院《いん》号定部類記《ごうさだめぶるいき》』所引『後小記《ごしょうき》〈小右記〉』）。詮子と道長との緊密な関係は、ますます公卿社会に認知されたであろうし、それは先々の政権交代に大きな影響を及ぼすこととなった。

正暦三年（九九二）四月二十七日には、一条は詮子の許に朝覲行幸《ちょうきんぎょうこう》（天皇が上皇《じょうこう》や皇太后の御所に行幸すること）を行なったのであるが、その行幸先もまた、道長の土御門第であった（『権記』）。この時には、道長は「土御門第の家主《いえあるじ》」として従二位《じゅにい》に叙されている。

正暦四年（九九三）三月十三日には、道隆第において射儀《しゃぎ》が行なわれ、道長は的に当てた者として、『小右記』に特記されている。『大鏡《おおかがみ》』に見える伊周との弓争いの説話（「我が家から帝・后が出て、自分が摂政・関白になるのならば矢が当たるように」と言って射て、中心に当てたというもの）なども、案外にこういった史実を基に創作されたものかもしれない。

一方、正暦五年（九九四）八月二十八日、道隆は嫡男の伊周を、三人を超越させて、わずか二十一歳で内大臣《ないだいじん》に任じた（『権記』）。これで道隆の後継者が定まったことになる。ただし、公卿社会や詮子の意向は、また別のところにあったことであろう。この年、道長は権大納言、二十九歳であった。

第二章　後宮を制する者が権力を握る

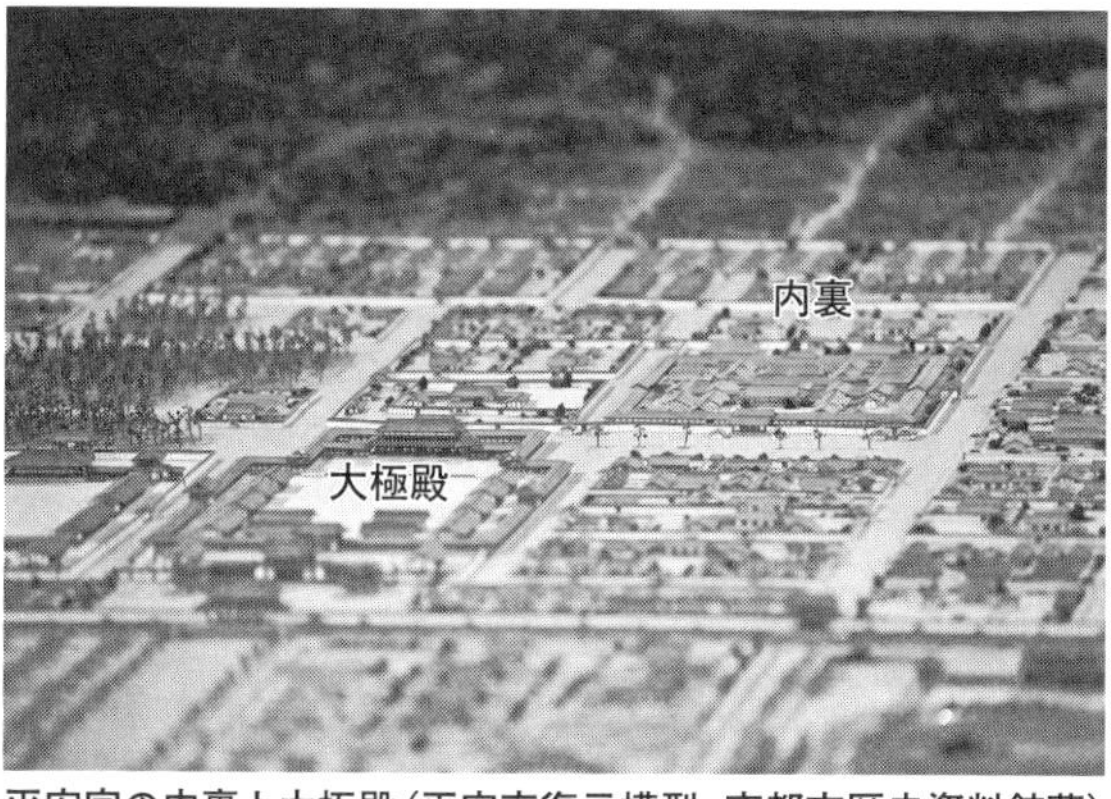

平安宮の内裏と大極殿（平安京復元模型。京都市歴史資料館蔵）

長徳《ちょうとく》元年（九九五）の道隆《みちたか》、道兼《みちかね》の相次ぐ死を承《う》け、幸運にも詮子《せんし》の力によって政権の座に就いた道長《みちなが》であったが、伊周《これちか》たち道隆の子との権力闘争は続いた。そうしているうち、伊周は長徳二年に自滅していく。

その一方で、道長を悩ませていたのは、定子《ていし》のことであった。入内《じゅだい》を予定している彰子《しょうし》よりも先に定子が皇子《おうじ》を出産すれば、そちらに皇統が受け嗣がれていくことになり、道長の権力基盤は失なわれる。それを防ぐためにも彰子の入内・立后《りつごう》を急ぐ道長であった。

長保《ちょうほう》元年（九九九）にようやく彰子を入内させたものの、定子は第一皇子敦康《あつやす》を出産した。道長は定子を押しのけて彰子を長保二年に中宮《ちゅうぐう》に立てたが、いまだ彰子は成熟しておらず、仕方なく道長は敦康を後見《こうけん》する。

そんなとき、道長の後ろ楯であった東三条院《ひがしさんじょういん》詮子が長保三年に崩御《ほうぎょ》した。

相次ぐ兄の死がもたらした権力

朝廷内の序列で伊周に完全に先を越された道長の転機は、突然に訪れた。前年からの疫《えき》病《びょう》が蔓延《まんえん》していた長徳元年（九九五）、関白《かんぱく》道隆が四月十日、そして関白を継いだ道兼も五月八日に薨去《こうきょ》した後を承けて、五月十一日に、一条《いちじょう》天皇は権大納言《ごんだいなごん》に過ぎなかった道長に内覧宣旨《ないらんせんじ》を賜わった。こうして道長は、いきなり政権の座に就いたのである。

道長は六月十九日には右大臣《うだいじん》に任じられ、太政官一上《だいじょうかんいちのかみ》（首班）となった。道長の姉で一条生母（国母《こくも》）である詮子の意向が強くはたらいたとされる。

この年の状況を年初から少し詳しく見てみよう。まず正月二日、詮子の許に朝覲行幸《ちょうきんぎょうこう》が行なわれたが、左大臣《さだいじん》源重信《しげのぶ》・右大臣道兼・内大臣《ないだいじん》伊周以下が付き従ったにもかかわらず、藤原朝光《あさてる》、藤原済時《なりとき》、そして道長といった、伊周に超越《ちょうおつ》された三人だけは不参《ふさん》であった（『小右記《しょうゆうき》』）。道隆、および伊周に対する不満の意の表明なのであろう。

同じ正月二日に行なわれた中宮定子の大饗《だいきょう》にも、中宮大夫《ちゅうぐうだいぶ》の道長は不参している。伊周が二十八日に行なった大臣大饗にも、左右大臣はもちろん、大納言たちも参列しなかったようである（『小右記』）。道隆の強引な「引き」によって異数の昇進を続ける若い伊周に対する不満は、公卿《くぎょう》社会に充満していたのである。

二月二十八日には、詮子が石山寺御幸《いしやまでらごこう》を行ない、道長は騎馬で、伊周は車に乗って従った。ところが伊周は粟田口《あわたぐち》で車から降り、詮子の車の轅《ながえ》に近付いて、これから帰京すると言い出した。その時、道長は馬に乗ったまま、詮子の車の牛の角の下、つまり伊周の側に進み立ったという。人々は目をそばだてたといい、それを聞いた実資《さねすけ》は、「その理由が有るようである」と意味ありげに記している（『小右記』）。

病の篤《あつ》くなった道隆は、三月に伊周への政権交代を画策したものの、一条の拒絶にあって果たせず、四月六日に出家を遂げ、十日に薨去した（『小右記』）。一条は二十七日、道隆の弟の右大臣道兼を関白に選んだ（『日本紀略《にほんきりやく》』）。世代交代を阻止し、同母兄弟間の権力継承を望んだ詮子の意向がはたらいたのであろう。道兼がすでに疫病に冒されていたことがわかっていたのならば、ここで伊周政権を阻止して、次に道長に継がせようとしたのかもしれない。

すでに病の篤かった道兼は、五月八日に薨去した（『日本紀略』）。そして十一日、道長に内覧宣旨が下ったのである。『大鏡《おおかがみ》』には、詮子が内裏《だいり》の清涼殿夜御殿《せいりょうでんよるのおとど》にまで押しかけ、涙ながらに一条を説得して宣旨を出させたという説話が載っているが、実際にも、この間の事情が結構複雑だったことが窺える。

たとえば、実資の耳には、当初、道長が関白詔《かんぱくしょう》を蒙《こうむ》ったとの噂が届いている。権大納言の道長が関白になるのはおかしいと思ったのか、実資が事情を調べさせたところ、関白詔ではなく、太政官雑事《だいじょうかんぞうじ》（様々な事柄。この場合は太政官から奏上《そうじょう》される文書《もんじょ》）を、天禄三年（九七二）に権中納言兼通《ごんちゅうなごんかねみち》に命じた例に准じて内覧させるということであったと判明した（『小右記』）。この背景には、道長の関白任命を求める詮子と、それを喜ばず、定子の兄である伊周の政権担当も視野に入れる一条との間に、様々な交渉や妥協が行なわれたことを窺わせる。

権大納言に過ぎなかった道長を執政者とするには、関白に任じるわけにはいかず、そこに内覧という地位が二十三年ぶりに復活したのである。

深まる伊周・隆家との対立

このようにして政権の座に就いた道長であったが、詮子も一条も、それに道長自身も、この時点では、あれほどの長期政権になるとは考えていなかったと思われる。道長自身は病弱であり、加えて女《むすめ》の彰子は幼少（長徳元年では八歳）、嫡男の頼通《よりみち》はさらに幼少（同じく四歳）となると、道長が次の世代にまで政権を伝えられると考えた者もいなかったはずである。道長は単なる中継ぎ政権で、結局は定子の兄である伊周が政権を担当するであろうと、一条も考えていたであろう。

六月十九日、伊周より下位の権大納言のままでは都合が悪かろうということで、道長は右大臣に任じられ、太政官一上、氏長者《うじのちょうじゃ》となった（『御《み》堂御記抄《どうぎょきしょう》』）。右大臣となった道長が改めて関白にならなかったのは、一条の意志なのか、それとも道長の謙譲なのかはわからないが、結果的には道長は関白の地位に就かなかったことによって、伊周を抑えて公卿議定《ぎじょう》を主宰できることになり、その権力を万全にしたのである。

摂政《せっしょう》が天皇大権を代行し、関白（または内覧）が天皇への奏上および天皇から宣下《せんげ》する文書を内見するとはいっても、当時の政治は、あくまで公卿を頂点とする太政官組織を基盤として運営されていた。太政官、特に公卿議定を指揮下に置くということは、実際の権力掌握にとっても、重要な要因だったのである。

伊周による公卿議定主宰を阻止した道長の政治的選択は、その意味では正しいものであった。ただし、当然ながら、道長にはこれ以降、とてつもなく忙しく、また諸所に気を使わなければならない日々が待っていたのである。

一方、伊周やその弟の隆家《たかいえ》は、道長との反目を強めていった。七月二十四日には、道長と伊周が議定を行なう陣座《じんのざ》において口論に及んだ。二十七日には、道長と隆家の従者《じゅうしゃ》同士が七条《しちじょう》大路において合戦に及び、その報復措置か、八月二日には隆家の従者が道長の随《ずい》身《じん》（摂関《せっかん》や近衛将《このえのしょう》の身辺警護に当たる武官《ぶかん》）を殺害している（『小右記』）。

長徳の変で自滅した伊周

こうして一触即発の危機をはらみながら長徳二年（九九六）が明けると、さっそくとんでもない事件が起こった。いわゆる「長徳の変」である。

この事件の発端について、『栄花物語《えいがものがたり》』には、花山《かざん》院と伊周が故為光《ためみつ》の女をめぐって誤解を来たしたという背景が載っているが、史実として確認できるのは、『三条西家重書古文書《さんじょうにしけじゅうしょこもんじょ》』が引く『野略抄《やりゃくしょう》』（『小右記』の逸文《いつぶん》）正月十六日条の、

> 右府《うふ》（道長）の書状に云ったことには、「花山法皇《ほうおう》が、内大臣（伊周）・中納言隆家と故一条太政大臣《だいじょうだいじん》（為光）の家で相遇し、闘乱が起こった。御童子《どうじ》二人を殺害し、首を取って持ち去った」と云うことだ。

という記事からわかるように、花山と伊周・隆家が、故為光家（一条第《いちじょうてい》）で遭遇して闘乱に及び、花山の随身していた童子二人が殺害されて首を持ち去られたという、従者同士の闘乱である。なお、『小記目録《しょうきもくろく》』には、「花山法皇が隆家卿と闘乱した事」とあり、花山の従者と闘乱を行なったのは隆家の従者であったようである。

この情報を実資に伝えたのは道長であったようであるが、道長はこの事件にはまったく関与しておらず、まさに伊周の自滅の観を呈していた。

二月五日には、精兵を隠しているという噂のある伊周家司《けいし》の宅を検非違使《けびいし》が捜索している。検非違使別当《べっとう》であった実資が、「天皇の仰せを承《うけたまわ》って退出した。右府の許に参った。すぐに帰って権佐《ごんのすけ》（源）孝道《たかみち》朝臣及び検非違使に命じた」と記していることから（『小右記』）、実資に細かな指示を出していたのが道長ではなく一条であったことがわかる。

次いで二月十一日、伊周・隆家の罪名を勘申《かんじん》（儀式などに必要な先例や法令を調べて報告すること）させよとの命が下ったが、これも「頭中将《とうのちゅうじょう》（藤原斉信《ただのぶ》）が陣に出て右大臣に伝えた。満座は傾き嘆いた」とあることから（『小右記』）、道長をはじめとする公卿は、その決定を聞くまで何らこの件に関与しておらず、一条がこの件に関しても主導していたことがわかる。

加えて、三月二十八日には詮子の病悩《びょうのう》に対して、「或る人が呪詛《じゅそ》した」、「人々は厭物《まじもの》を寝殿《しんでん》の板敷《いたじき》の下から掘り出した」といった噂がささやかれた（『小右記』）。さらに四月一日には、伊周が臣下の行なってはならない太元帥《たいげんの》法《ほう》を修して道長を呪詛していたことが奏上された（『日本紀略』『覚禅鈔《かくぜんしょう》』）。もちろん、その真偽は明らかではない。

伊周と隆家は、四月二十四日に行なわれた除目《じもく》（官職任命の政務的儀式）において、それぞれ大宰権帥《だざいのごんのそち》と出雲権守《いずものごんのかみ》に左降《さこう》された（『小右記』）。こうして道長は、最大の政敵を自然と退けることができたのである。

ただし、伊周の妹である定子に対する一条の寵愛は変わるものではなく、その点では道長の権力は盤石とは言いがたいものであった。事実、定子はこの頃、再び内裏に参入し、一条の最初の子を宿していた。なお、定子は五月一日に自ら出家した。

そのようななか、道長には慶事があった。七月二十日に左大臣に上り、正二位《しょうにい》に叙されたのである（『小右記』）。これで道長は、官位共に第一人者となったことになる。十月九日には、道長に随身を賜うという一条の命が伝えられた。ところが、勅書《ちょくしょ》の草案《そうあん》の文言が問題となった。道長は摂関ではなく、その文は不適切だというのである。また、摂関ではない者に随身を賜わったのは伊周の例のみとも言われている（『小右記』）。道長は正式にはあくまで、左大臣に過ぎないのであった。

一方、十二月十六日、定子は一条の第一子を出産した（『日本紀略』）。後に脩子《しゅうし》と名付けられる皇女《こうじょ》である。このまま定子が一条の寵愛を受け続ければ、いずれ皇子が誕生する日が来るかもしれない。道長の焦りは、いや増したことであろう。この年、彰子はまだ九歳であった。

一条天皇の定子への寵愛に歯がみする

明けて長徳三年（九九七）、詮子の病悩は一向に快復に向かう気配がなかった。その平《へい》癒《ゆ》を期して、三月二十五日に大赦《たいしゃ》が行なわれ、伊周と隆家は四月五日に召還《しょうかん》された（『小右記』）。

一方、六月二十二日の夜、一条は、長徳の変の最中の前年五月一日に出家した定子を再び職曹司《しきのぞうし》に遷御《せんぎょ》させた。「天下は感心しなかった。『あの宮の人々は、中宮は出家されていないと称している』と云うことだ。甚だ希有《けう》の事である」という実資の批判（『小右記』）は、宮廷社会全般に共通するものだったはずである。そしてそれは、我意を張って、出家したはずの定子を寵愛する一条にも向けられたものだったであろう。

その間、女御《にょうご》の元子《がんし》（父は右大臣顕光《あきみつ》）に対する一条の寵愛も続き、この年の八月頃、元子は懐妊した（翌年、破水してしまう〈『台記《たいき》』〉。もともと想像妊娠だったのかもしれない）。彰子が成人もしていない道長としては、これらの事態には手をこまねいているしか方策はなかった。

この頃、道長は異腹の兄である道綱《みちつな》を大納言に任じた。この無能な人物に超越された実資は怒りを露《あら》わにし、七月五日の日記に次のように不満を爆発させた（『小右記』）。

万事を推量すると、賢者を用いる世では貴賤《きせん》の者が研精《けんせい》する。ところが近臣《きんしん》（道長）が頻《しき》りに国柄《こくへい》を執り、母后《ぼこう》（詮子）がまた、朝事《ちょうじ》を専《もっぱ》らにしている。無縁の身（実資）は、どう処すればよいのであろうか。

はからずも摂関政治の本質を端的に語っているところが面白い。道長に対する実資の批判は、これからも生涯、続くことになる。九月二十日に道長が長谷寺《はせでら》に参詣した際なども、「布衣《ほい》（平服としての狩衣《かりぎぬ》）を着した一上が平安京の城外《じょうがい》に出た例は、前例を調べても聞いたことのないことである。事毎《ごと》に軽率である。未だ比べるところを知らない」と手厳しい

（『小右記』）。
ただしそれは日記の中だけの話であって、日常的な生活においては、二人は互いに尊重し合った、きわめて親密な関係であったのである。ただ、『小右記』が当時から広く読まれていたことを考えると、道長への批判は、本人にも伝わっていてもよさそうなものであるが、道長がこれに怒った形跡もない。これはどういった事情によるのであろうか。実資が求めに応じて他人に貸与した『小右記』は、あたりさわりのない儀式の箇所だけを抜き書きしたものであったと、今のところは考えておきたい。

さて、この年の十月一日の孟冬旬《もうとうのしゅん》の宴飲《えんいん》の最中、大宰府《だざいふ》からの飛駅言上《ひえきごんじょう》を取り次いだ近《この》衛《え》官人は、高麗《こうらい》の来寇《らいこう》を叫んだ。上下の者は驚愕《きょうがく》し、道長をはじめとする三大臣（道長・顕光・公季《きんすえ》）は度を失なって紫宸殿《ししんでん》の東階《ひがしのきざはし》を降り、大宰大弐《だざいのだいに》藤原有国《ありくに》の書状を読んだ（『小右記』）。座を起つことなく冷静に対処した実資は、これを冷ややかに見ている。

結局、これは奄美《あまみ》海賊の九州乱入に過ぎなかったのであるが（『権記《ごんき》』『小右記』）、道長としてもとんだ失態を演じてしまったことになる。

大病から辞表を提出

長徳四年（九九八）が明けると、道長はにわかに腰病《ようびょう》を発《おこ》し、三月三日に出家の意を上表《じょうひょう》した。一条は、「病体は邪気《じゃき》（物怪《もののけ》）の行なった所である」として、これを許さず、「外戚《がいせき》の親舅《しんきゅう》にして、朝廷の重臣《じゅうしん》であり、天下を燮理《しょうり》（国を治めること）し、私の身を輔《ほ》導《どう》する事は、現在、丞相《じょうしょう》（道長）でなくては、誰がいるであろうか。今、丞相の重病を聞き、嘆息《たんそく》は極まり無い」という恩詔《おんしょう》を伝えた（『権記』）。

ただし、出家について一条は、「丞相が出家を申請させた事については、功徳《くどく》は極まり無い。これを妨げたりすれば、その罪報《ざいほう》を畏《おそ》れるべきであろう。ところが、『病体は邪気の行なったものである』と云うことだ。道心《どうしん》が堅固《けんご》であって必ず志を遂げたいというのならば、病悩が平癒してから心閑《しず》かに入道《にゅうどう》しては如何《いかが》であろう」と答えてしまった（『権記』）。

道長が快復後に出家を申し出たとしたら、それを許して次の執政者を任命する心積りが一条にはあったということである。道長と一条との間の微妙な関係は、この頃から始まることになる。

道長は、三月五日に第二度の上表、三月十二日に第三度の上表を奏上した（『権記』）。『本朝文粋《ほんちょうもんずい》』に収められているこの時の道長の辞表《じひょう》に、私は声望《せいぼう》が浅薄であって、才能も荒蕪《こうぶ》（いい加減）である。ひたすら母后（詮子）の兄弟であるので、序列を超えて昇進してしまった。また、父祖《ふそ》の余慶《よけい》によって、徳もないのに登用された。……二兄（道隆・道兼）は、地位の重さを載せて早夭《そうよう》した。

とあるのは、道長の偽らざる本音であろう。自己の権力の基盤については、意外に正しく認識していたのである。このまま道長が、彰子の入内や頼通の元服より以前に、薨去したり出家したりしていれば、まさに一代限りの中継ぎ政権に終わったはずである。この年、彰子は数えで十一歳、頼通はわずか七歳であった。

この上表に対する一条の勅答《ちょくとう》は、左大臣の辞任は許さず、文書の内覧と近衛の随身を停めるというものであった（『権記』）。

なお、この時に停止された道長の内覧が復活されたという史料は存在しない。一年後の長保元年（九九九）三月十六日の東三条院《ひがしさんじょういん》行幸の際に、道長に随身を元のごとく賜うという記事が見えるが（『日本紀略』『御堂関白記《みどうかんぱくき》』）、あるいはこの時に内覧も復活されたのであろうか。それとも慣例的に道長が内覧の職務を続けたのであろうか。

些細な違いに思われるかも知れないが、実はこれは、道長の権力の根拠が官職にあったのか、それとも何か別のところ（たとえば天皇家とのミウチ的結合）にあったのかという、その本質を見極めるうえでは、重大な問題をはらむものなのである。

実際、道長はその後も『権記』によると、文書の内覧という政務を続けている。三月十八日の仁王会《にんのうえ》の際にも、「贈太政大臣（道兼）がおられなくなった後は、万事、左大臣（道長）の指揮に随ってきた」と記されている（『権記』）。

七月十五日に、「左府《さふ》（道長）は甚だ重く病悩しておられた。存生《ぞんじょう》されることは難しいだろう」と言われたように大変な病中にあった道長であったが、驚くべきことに、この頃、彰子の入内に関して動き始めた（『権記』）。

八月十四日、行成《ゆきなり》に自分の辞表を奏上させた際に、何事かの「秘事《ひじ》」を一条に奏上させたのである。一条は辞表を却下し、「秘事」に答えた。行成が『漢書《かんじょ》』孔光《こうこう》伝や『蒙求《もうぎゅう》』に見える「温樹《おんじゅ》を語らず」という語（朝廷内のことをみだりに口にしないこと）を引いていることから、この「秘事」は彰子の入内に関わることと考えるのが穏当であろう。行成はこの後に詮子の許を訪れ、翌十五日に一条の勅答を道長に告げている（『権記』）。

行成は、天皇との政務の連絡にあたるという蔵人頭《くろうどのとう》の職務を越えて、道長と一条との間に立ち、王権内部の機密事項を伝えるメッセンジャーの役割を果たしていたのである。

道長の方も、これで快復に向かったのか、九月二十六日に病後初めて内裏に候宿《こうしゅく》し、十月二日に宇《う》治別業《じのべつぎょう》（道長が宇治に経営した別邸。後に頼通が平等院《びょうどういん》とした）に遊覧を行なったり、十月十日に紫野《むらさきの》と栗栖《くるす》に遊覧して競馬《くらべうま》を行なったりしている（『権記』）。

彰子入内を急ぐ

長保元年（九九九）に至り、二月九日の彰子着裳《ちゃくも》（成人式）の記事から、道長の日記が復活する（『御堂関白記』）。いまだ数えで十二歳ながら、これで彰子は大人ということになった。

「東三条院から装束《しょうぞく》二具《よろい》を賜わった」とあるように詮子から装束が届いているのは、国母が道長の女を一条のキサキとすることを期待していることを示すものである。一方、「中宮から香壺《こうご》の筥《はこ》一双《そう》を賜わった」とあるように贈物を遣わした定子の心情は、いかなるものだったことであろうか（『御堂関白記』）。

右大臣顕光・内大臣公季をはじめとする公卿が参列しているのも、宮廷社会の安定に彰子が果たす役割への期待によるものであろう。後見のいない、しかも出家している定子から皇子が生まれでもしたら、道長と定子との関係、また道長とその皇子との関係、さらには道長と一条との関係がうまくいくとは思えず、政権、ひいては公卿社会が不安定になるという事態は、大方の貴族層にとっては望ましいことではなかったはずである。

道長の命によって、諸卿は衣を脱いで官人に下賜《かし》した。「こんな事はなかったことであるが、主人（道長）が難詰《なんきつ》するので、皆は脱いだのであろうか」という実資の感想（『玉《ぎょく》蘂《ずい》』所引『小右記』）も、上機嫌の道長の様子を思わせる。

三月十六日、詮子の病悩を見舞うため、一条は東三条院詮子の御所である一条院《いちじょういん》への行幸を行なった。その際、一条と彰子は、何らかの形で対面した可能性がある。道長が『御堂関白記』にわざわざ、「天皇の御前に出すために、この暁方、比□が参ったのである」と記しているのである。この古写本の「□」が「女」とすると、「比女《ひめ》」とは姫、つまり彰子のことになる。なお、道長の随身が元どおりに復活し、再び内覧の座に就いたかもしれないのは、この行幸の時である。

二度目の御産が近付いた定子は、八月九日に平生昌《なりまさ》邸（竹三条宮《たけさんじょうみや》）に退出することになり、一条は七日、その行啓《ぎょうけい》の上卿《しょうけい》（朝儀《ちょうぎ》・公事《くじ》を奉行する公卿）を命じるために公卿を召したが、ことごとく障《さわ》りを申し、参入してこなかった。その九日、定子は生昌邸に移御《いぎょ》したが、やはり上卿は不参であり、重ねての一条の催促によって藤原時光《ときみつ》と実資が参入してきた。この時、道長が宇治別業に遊覧してこれを妨害したのである（『権記』『小右記』）。定子に公卿層の支持がないことを示すための、道長の画策である。

一条は定子の皇子出産に強い期待を抱いていた。八月二十三日には一条は行成に何事かを漏らしたが、行成がまた、「昔、孔光《こうこう》は、宮廷《きゅうてい》の温室殿《おんしつでん》の前の樹について語らなかった。ましてや天皇の叡旨《えいし》を記すわけにはいかないだけである」と記している（『権記』）ところを見ると、宮廷の秘事に関わるものであった。今度生まれるのが皇子だったならば、立太《りったい》子《し》させようなどといった内容か、はたまた彰子の入内に関わることであろうか。

定子の出産の日は近付いていたが、道長も負けてはいられない。九月二十五日に彰子入内について詮子の許で定め始めている（『御堂関白記』）。十月二十三日には入内調度としての四尺屏風《びょうぶ》に貼るための和歌を人々に詠ませ、実資を「上達部《かんだちめ》（公卿）の役《えき》は、荷担ぎや水汲みに及ぶのか」と怒らせている（『小右記』）。ただし結局は、花山院はともかく、二十七日に道長に和歌を献じた公卿は、藤原公任《きんとう》・藤原高遠《たかとお》・藤原懐平《かねひら》・藤原斉信・源俊《とし》賢《かた》ら数人に過ぎなかったようである（『御堂関白記』『小右記』）。これらは三十日に行成によって、故飛鳥部常則《あすかべのつねのり》が絵を描いた屏風の色紙《しきし》形《がた》に書かれた（『権記』『小右記』）。

実資には十月三十日に至るまで、連日の督促があったのであるが、実資は、「(道長は)きっと不快の様子が有るであろうか」と気に掛けながらも、「この事は感心しないことである」と考え、同じ小野宮流《おののみやりゅう》の公任が和歌を献じたことについて、「近頃の様子は、やはり追従《ついしょう》しているようなものである。一家の風は、どうしてこのようなものであろうか。嗟《あ》乎《あ》、痛いことよ」と嘆いている(『小右記』)。

十一月一日、彰子は入内した(『御堂関白記』『権記』『小右記』)。公卿の多くが入内の行列に付き従ったというのも、彰子の入内が宮廷に安定をもたらす要因として、公卿社会から歓迎された結果によるものであろう。それは同時に、定子に対する公卿社会の不支持の表明でもあった。もちろん、実資は、「末代《まつだい》の公卿は凡人《ぼんにん》に異ならない」としてこれを非難しているが(『小右記』)。

彰子を女御とするという宣旨は、十一月七日に下った(『御堂関白記』『権記』『小右記』)。公卿たちは、「左府(道長)の意向」によって彰子の直廬《じきろ》(宮廷内に与えられた個室)に参った。一条は初めて彰子の直廬に渡御《とぎょ》したものの、すぐに還御《かんぎょ》してしまった。渡御とはいっても、単なる顔合わせに過ぎなかったのである。その後、道長は実資の手を取って彰子の直廬に引き入れ、その装束(調度)を見せた(『小右記』)。その装束の中には、例の屛風が含まれていたことであろう。

いまだ数えで十二歳に過ぎない彰子と一条との間に懐妊の「可能性」がなかったことは、誰の目にも明らかであった。平安中期の醍醐《だいご》から後朱雀《ごすざく》までの十人の天皇のキサキのうち、初産年齢がわかる十四名について調べると、彼女たちの入内年齢は、平均して十六・四歳、最低では十二歳（彰子）という若さであるのに、初めて皇子女を出産した時の年齢は、平均すると二十一・四歳であり、最低でも十九歳に達しないと出産し得ていない。

にもかかわらず、道長が彰子の入内を急いだのは、定子への一条の寵愛に対抗するためであった。定子から第一皇子が生まれでもしたら、またもや伊周たち中関白家《なかのかんぱくけ》が一条の最強のミウチとなってしまう。そうなった場合、円融《えんゆう》皇統の存続を何よりも第一に考える一条や詮子が、道長を離れてそちらを支持する可能性も残されていた。定子から皇子が生まれる前に、何とか形だけでも自分の女を一条のキサキとし、一条にプレッシャーをかける必要を、道長は感じたのである。

定子、第一皇子敦康を出産

ところが、歴史の偶然というのは皮肉なもので、彰子が女御となったのと同じ十一月七日の早朝、定子は待望の第一皇子を出産していた（『小右記』『権記』）。『権記』によると、一条は行成に、「中宮が男子を産んだ。私の気持は快然《かいぜん》としている。七夜の産養《うぶやしない》（子供の将来の多幸と産婦の無病息災を祈る祝宴）に物を遣わすことについては、通例によって奉仕させるように」と語ったように、喜びを隠そうとはしなかった。また、詮子からも御釼《みはかし》が奉献《ほうけん》されており、その期待のほどが窺える。

一方、道長の『御堂関白記』は、彰子を女御とするという記事ばかりで占められ、皇子誕生については何も語っていない。また、『小右記』は、彰子の女御宣旨については詳しく記しているのに、皇子誕生については、「卯《う》剋、中宮が男子を産んだ〈前但馬守《さきのたじまのかみ》生昌の三条《さんじょう》宅。〉。世に『横《よ》川《かわ》の皮仙《かわひじり》』と云う」とだけしか記していない。「横川の皮仙」とは行円《ぎょうえん》のことであるが、「出家らしからぬ出家」という意味で、落飾《らくしょく》しながら子を儲けた中宮に対する蔭口に転用されたもののことである。

ただし、当分は彰子には皇子懐妊の「可能性」がなく、当時はまだ嫡流であった冷泉《れいぜい》皇統の東宮居貞《とうぐうおきさだ》親王（後の三条《さんじょう》天皇）には娍子《せいし》（父はすでに薨去している大納言藤原済時）から何人もの皇子が誕生しているといった状況のもとでは、詮子や道長としては、当面は東宮候補としてこの第一皇子敦康を政治的・経済的に後見するしか、選択肢は残されていなかった。

彰子立后に奔走する行成

十二月一日、太皇太后《たいこうたいごう》の昌子《しょうし》内親王が崩御した（『小右記』『権記』）。当時、后には太皇太后・皇太后《こうたいごう》・皇后《こうごう》の三人が定められており、その総称、もしくは皇后の別称を中宮と称したが、昌子の死によって后の席が一つ空いたことになる。ここに彰子をすべり込ませ、皇后と中宮を一人の天皇の別の后ということにして（かなり無理があるが）、一帝二后を実現しようと考えたのである。皇后と中宮を別の后にするというのは、かつて定子立后の際に道隆が使った手であるが、もちろん、別の天皇の后であった。道長はいつ頃から、この手を一人の天皇の后に対して使おうと考え付いたのであろうか。

道長としては、第一皇子を産んだ定子に対して、彰子の後宮《こうきゅう》における存在意義を低下させないために、その立后を急がなければならなかった。

十二月初旬、まず一条は行成に対し、彰子立后の可否について相談した。もちろん、これは道長の意を迎えたものである。十二月七日、道長は、詮子に一条を説得させるよう、行成に依頼した。行成は詮子の許を訪ねて書状を書いてもらい、参内《さんだい》してそれを一条に奏《そう》覧《らん》し、次いで道長の意向を奏上した。一条が「この事は、如何すべきであろうか」と行成に意見を求めたところ、行成は立后を決定しても差支えないことを奉答した。一条は「然《しか》るべし」と勅答したが（『権記』）、これは全面的な許諾というわけではなかった。

行成は、まず詮子、次いで道長を訪れ、一条の勅答を伝えた。道長は彰子の立后は決定したものと解釈し、行成に最大限の謝意を述べている（『権記』）。

詮子は十二月二十四日に参内し（『権記』）、彰子立后に関して一条との直接交渉に乗り出した。二十七日、詮子は行成に、「立后については、許すようにという天皇の意向が有った」と告げている。行成は道長の許を訪れているが（『権記』）、詮子の言葉と一条の「勅許《ちょっきょ》」を伝えたものと思われる。道長は、ますます立后勅許を確信したはずである。

ところが、十二月二十九日、行成は一条から、「后については、先日、院（詮子）に申したが、しばらく披露《ひろう》してはならない」との命を受けた（『権記』）。この突然の命令に行成は、いまだ一条が立后を逡巡《しゅんじゅん》していることを知り、驚いたことであろう。

この時以降、行成は彰子立后を正当化する理屈をたびたび一条に説いている。要約すると、東三条院詮子・皇后宮遵子《こうごうぐうじゅんし》・中宮定子と三人いる藤原氏出身の后は出家しており、氏の祭祀《さいし》、特に大原野祭《おおはらののまつり》を勤められない。定子は正妃ではあるが出家入道しており、帝の個人的な私恩《しおん》によって、中宮号を止《とど》めずに封戸《ふこ》も支給されているに過ぎない。尸禄素飡《しろくそさん》の臣（禄盗人《ろくぬすびと》）のようなものである。重ねて彰子を后とし、氏祭を掌《つかさど》らせるのがよろしかろう、というものである（『権記』）。なお、『冊命皇后式《さくめいこうごうしき》』所引『権記』では、行成は定子の廃后《はいこう》の可能性にも言及して、一条を説得（恐喝？）している。

一条の側近でありながら、道長の意を迎えて一条を説得する行成の姿。そしてその「王権の秘事」を日記に書き残している行成の動機と心理は、なかなかに複雑である。

現代のように様々な職業や職場があったわけではない彼らにとっては、中央官人社会における栄達だけが、子孫を存続させる唯一の方途であった。その意味では行成の出世志向や一条・定子に対する一種の「裏切り」を責めるわけにはいかない。この行成は、後に一条が譲位しようとした際に、もう一度、道長のために活躍することになる。

とまれ、このようにして長保元年は暮れていった。一条の決断は、年を越して持ち越されたのである。

彰子立后なる

長保二年（一〇〇〇）が明けた元日、恒例の元日節会《がんじつせちえ》は停止《ちょうじ》されたのだが、参入した公卿の見参簿《げんざんぼ》（出席簿）を一条に奏上しようとしたところ、公卿たちは退出してしまった。出席を取る前に退出するなど、明らかに公卿の失態なのであるが、道長は、「これは諸卿が儀式《ぎしき》を知らなかったのであろうか。もしかしたら、儀式を主宰する私が、それに相応《ふさわ》しくはないのであろうか。不審に思った、不審に思った」と記している（『御堂関白記』）。この弱気な態度も、また道長の本質である。

　公卿たちが退出してしまったことは『権記』にも見えるが、「甚だ違例《いれい》の事である」としか記されていない。さすがに行成は車後《くるまじり》に伺候《しこう》して、道長に付き従って退出している。

　道長の方は、前年の十二月二十七日に彰子立后について一条の勅許が下ったと思い込み、年明け早々の正月十日、安倍晴明《あべのはるあきら》を召して立后の雑事《ぞうじ》を勘申《かんじん》させた。そして、二十□日という日付が宜《よろ》しき日と出て、その結果を詮子、次いで一条に奉献したものと考えられる。ところが、詮子はともかく、まだ彰子の立后に逡巡していた一条は、道長に対してもストップをかけたのであろう。『御堂関白記』の長保二年正月十日条を記し始めた道長は、彰子立后勘申に関する部分のみを一生懸命に抹消している（それでも自筆本の現物の裏から光を当てて観察すると、「晴明」とか「雑事」「廿」「献」など九文字を判読することができた）。

　この間にも行成の説得は続き、それが功を奏したものか、正月二十八日以前のある日、一条は行成に対し、立后を許可する旨を道長に告げよとの勅命《ちょくめい》を、内々に仰せた。行成は、それを詮子から道長に伝える方が都合が宜しかろうと奏上している（『権記』）。

正月二十八日、いま一人の蔵人頭である藤原正光《まさみつ》が、彰子を皇后とせよとの一条の勅を道長に伝えた（『御堂関白記』『権記』）。道長は再び晴明を召し、彰子の内裏退出の日、立后宣命《せんみょう》の日、内裏参入の日などの雑事を勘申させている（『御堂関白記』）。

ところが一条の方は、彰子が立后宣命を聞くために二月十日に内裏から土御門第《つちみかどてい》に退出するのを見越して、九日、定子に十一日に参内するよう伝えた（『権記』）。翌十日、彰子が内裏から退出すると、十一日、一条は彰子の許に勅使《ちょくし》を遣わしておいたうえで、定子を一条院内裏に参入させた。道長の、「神事《しんじ》の日に参入されるというのは、如何《いかが》なものであろうか。春日祭《かすがのまつり》の神事は、通常と相違してしまった」という『御堂関白記』の記述からは、道長の露《あら》わな不快感、それに定子が三たび懐妊することへの恐怖感が読み取れる。

二月十八日、定子所生の敦康の百日《ももか》の儀（誕生から百日目の祝宴）が催され、一条は中宮定子の御在所《ございしょ》に渡御した（『権記』）。これも第一皇子がすでに存在することのアピールであろうか。道長はこの件に関して、自己の日記に何も記していない。

少し戻るが、この年の二月三日、東宮居貞は、為尊《ためたか》・敦道《あつみち》親王といった同母弟や、道長

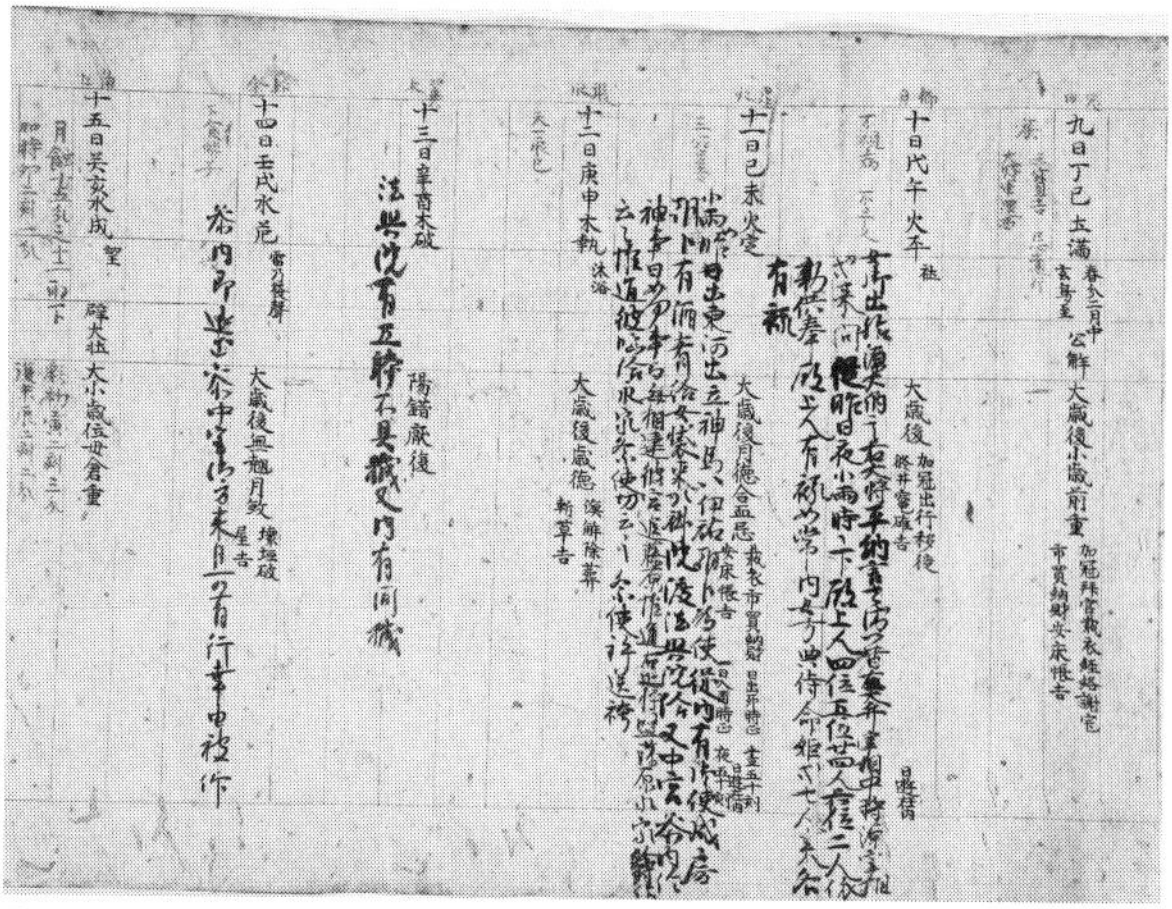

『御堂関白記』長保二年（1000）二月十一日条（自筆本、陽明文庫蔵）

をはじめとする公卿を集め、弓と蹴鞠《けまり》の御《ぎょ》遊《ゆう》を催した。『御堂関白記』には、「東宮において弓・蹴鞠の御遊が有った」としか記されていないが、『権記』によると、道長が退出しようとしていた時、居貞と道長との間に、風雅なやりとりがあったことが記されている。

　道長が退出しようとしたところ、梅樹の南枝が、もう開いていた。居貞が、「花の色が、新たに開いた。空《むな》しく過ぎてはならない」と呼びかけると、道長は跪《ひざまず》いて花の下に進み、ねじって一枝を折り、これを献上した。居貞が、「君折れば匂ひ勝れり梅の花（君が折ったので色も勝っている。この梅の花は）」と詠むと、道長はすぐに、

「思ふ心の有ればなるべし（君を思う心が有るからでしょう）」と下の句を継いだ。また、「栽《う》ゑ置きし昔の人の詞《ことば》にも君が為とや花に告げけん（この梅を植えておいた昔の人の詞でも、「君の為」と花に告げたのでしょう）」と詠んだ。行成は、「この事は、これは即妙のことであって、感興はこの上なかった」と評している（『権記』）。

後年の道長と三条天皇（居貞）との確執を思うと信じられない話であるが、道長のこの当意即妙の機知もまた、その本質なのである。

さていよいよ二月二十五日、彰子立后の儀が行なわれた（『御堂関白記』『権記』）。「女御従三位《じゅさんみ》藤原朝臣彰子を以て、皇后と為《な》すべし」という宣命が読み上げられ、皇后宮《こうごうぐう》（遵子）職《しき》を皇太后宮職《こうたいごうぐうしき》とし、中宮《ちゅうぐう》（定子）職《しき》を皇后宮職とし、新后宮《しんきさいのみや》（彰子）を中宮職とするという宮司《みやづかさ》が定められた。これで定子は皇后、彰子は中宮と称されることになったのである（『権記』）。道長の感激は、いかばかりであったことか。

ところが一条の方は定子を寵愛し続け、定子は三月に最後の子供である媄子《びし》を懐妊した。まさに彰子立后の直後のことであったことになる。四月十七日には敦康に親王宣下《しんのうせんげ》が下り、敦康は親王となった（『権記』）。道長はこれについても、何も記していない。

一条天皇の信頼を試す

これらの心労がたたったのであろうか、道長はこの頃から重い病を患《わずら》った（『御堂関白記』）。道長は四月二十七日には、「鶴君《たづぎみ》（頼通）については、見聞するに随って、必ず心に留めてくだされ」と、頼通のことを行成に託すほどの弱気を見せ、上表を行なった（『権記』）。五月九日には道長邸から厭魅《えんみ》・呪詛といった呪いに関わる物が掘り出されている（『小記目録』）。具体的に何が出てきたのかはわからないが、後年の例では、餅数枚と人の髪が出てきたことがある。

五月十四日、道長は病によって右大臣顕光に賑給《しんごう》（困窮者への米塩の施し）・施米《せまい》（京都周辺の諸寺の貧僧への米塩の施し）・去年の不堪佃田定《ふかんでんでんさだめ》（作付けが行なわれなかった田地を報告した中文の処置について定めた議定）、および一上（太政官首班）の事を行なわせたいと奏上したが、一条は、賑給などはともかく、一上は譲ってはならないと命じた。十九日には道長に道兼の霊が取り憑《つ》いて託宣を行なった（『権記』）。

五月二十五日には、道長は何と、伊周を本官《ほんかん》・本位《ほんい》に復すようにという「邪気《じやき》（物怪《もののけ》）の詞《ことば》」を一条に奏上するよう行成に命じた。ただし、その際にまた、「このことを申す際に、秘かに人々の様子を見定めるように」と命じた。行成はこの命の方を、「本心からおっしゃったものである」と記している（『権記』）。さすがは道長、この機会に伊周に対する一条や公卿層の認識を確かめようとするなど、その政治的嗅覚の鋭さは、大したものである。

一条はこれに対し、「事はすでに非常であって、甚だ言うに足りないものである。たとえ平生《へいぜい》であったとしても、非理《ひり》を申してきた場合には、承引するわけにはいかない。ましてや今は、不覚《ふかく》の病中である。このように申してきても、どうして許容《きよう》することが有ろうか」と勅して許さなかったが、続けて「ただ、申してきた事については相定めて、追って命じるということを伝えるように」と伝えているのは（『権記』）、伊周の復帰という選択肢がまったく一条の脳裡に存在しなかったわけではなかったことを示している。

それを聞いた道長は、「目を怒らせ、口を張った。忿怒《ふんぬ》は非常であった」という状態と化した。その様子を見た行成の慨嘆は、以下のようなものである（『権記』）。

藤原氏の長者として壮年《そうねん》に達し、すでに人位《じんい》を極め、皇帝《こうてい》（一条）・太子《たいし》（居貞）の親舅《しんきゅう》、皇后（彰子）の親父、国母《こくも》（詮子）の弟である。その栄幸《えいこう》を論じれば、天下に比べる者は無い。ところが今、霧露《むろ》に侵されて、心神《しんしん》は亡きがごときである。邪霊《じゃれい》に領得《りょうとく》され、平生ではないようなものである。死とは士の常である。生きて何の益が有ろうか。事の道理を謂《い》うならば、この世は無常《むじょう》である。愁うべし、愁うべし。悲しむべし、悲しむべし。

道長は八月三日になって、ようやく病後初めて外出したが、その行き先は、一条がわざわざ道長のために臨時相撲《すまい》の準備をしていた内裏ではなく、詮子の許であった（『権記』）。辞表や出家、そして伊周をめぐっての一条と道長のぎくしゃくした関係は続く。八月二十日、顕光の切望によって女御の元子を正五位下《しょうごいげ》から従三位に加階《かかい》したところ、この叙位《じょい》から外れた女御義子《ぎし》の父の公季の懇望《こんもう》により、二十五日、義子もまた従三位に加階された。その日、道長はこれらの措置に含むところがあるのか、除目に奉仕することを辞退し、顕光に執筆《しゅひつ》（除目の上卿）を行なわせることを奏上した。これに対し一条は、顕光に執筆奉仕を命じてしまった（『権記』）。

道長が本気で辞退しようとしているわけではなく、一条の自分への信任を再確認しているだけであるということを、若い一条は斟酌《しんしゃく》することができなかったのである。行成はそれを察し、「任官《にんかん》は国家の重事である。一上がこれを行なうのは、古今の定例《じょうれい》である。そうではあっても、今回は特に障りを申したので、右大臣に命じられただけである。このことを左大臣に伝えなければならない」とわざわざ記している（『権記』）。

この除目は結局は延期されたのであるが、道長に残った心のわだかまりは大きかった。これ以降の一条朝を通じて、叙位（位階を授ける儀式）と除目の際には、このようなやりとりが繰り返されることになる。

九月六日、太政官文書請印《だいじようかんもんじよしよういん》の夢想《むそう》を「祥《さち》」（参議《さんぎ》昇任）と思った行成は、それをわざわざ道長に告げに来た。道長は、「これは吉想《きつそう》である。ゆめゆめ他人に語ってはならないぞ」と「夢解き」を行なっている。その後、道長は兼家《かねいえ》の叙爵《じよしやく》した夜の夢という一家の秘事を語った（『権記』）。その場で適当に思い付いたものかもしれないが、このような配慮も、道長が人を惹《ひ》き付けるゆえんなのかもしれない。

定子の崩御に冷淡な道長

そうこうしているうちに、定子の御産の日がやって来た。ところが十二月十五日、定子は皇女媄子を出産したものの後産《のちざん》が下りず、翌十六日の早朝に崩じてしまう。「皇后がすでに頓逝《とんせい》したことは、甚だ悲しい」と悲しみを隠そうとはしなかった一条は、参内した行成に道長の参内を命じたのであるが、道長は詮子の許に参上してしまった（『権記』）。その時、前典侍《さきのないしのすけ》という女官《にょうかん》が邪霊のために狂い、詮子の床席《しょうせき》に候じていた道長に襲いかかるという事件が起こった。その叫ぶ声は、道隆、あるいは道兼に似ていたという。道長は心神を失ない、「甚だ怖畏《ふい》されている様子が有った」ということであった（『権記』）。

定子の葬礼は翌十二月十七日に行なうこととなったが、上卿を勤めるべき諸卿は、顕光をはじめとしてこれを忌避し、また崩奏《ほうそう》や定子の遺令《いれい》を奏上させようとしても、皇后宮職の官人や外戚の高階《たかしな》氏の者、定子と親しかった者は、誰も二条宮《にじょうのみや》にはおらず、崩奏も遺令の奏上も行なうことができなかった（『権記』）。

やっと参内してきた道長も、五師《ごし》大衆《だいしゅ》の推挙状を偽作して西大寺《さいだいじ》別当《べっとう》任命を申請した僧の赦免についての法家《ほうか》の勘文《かんもん》（勘申の結果を記した文書）を一条に奏し、勅裁《ちょくさい》を求めるという次第で（『権記』）、朝廷を挙げて定子の葬礼には不熱心だったのである。

十二月二十日、行成は一条の御前に候じたが、一条は「天皇がおっしゃった事は、甚だ多かった。心中、忍び難い（我慢できない）ものであった」という状態だったとある（『権記』）。一条の忍び難い心中とは、道長をはじめとする人々の定子に対する対応であろうか。

東三条院詮子崩御

年が明けた長保三年（一〇〇一）の正月十九日、道長は病悩を理由に除目の執筆を顕光に奉仕させるように奏上した。自分に対する一条の信任を確認しているのである。前年の八月、病の道長に代わって顕光に奉仕を命じたことへのわだかまりが残っていたのであろう。一条は、「今、大臣（道長）が申させた障りは、特にここといった病が有るわけではない」と指摘して、今年は道長が奉仕すべきことを命じた。除目は二十二日に行なわれている（『権記』）。

この頃、行成は自邸の桃園第《ももぞのてい》を仏舎として世《せ》尊寺《そんじ》を創建していた。二月二十九日に供養を行なうことになっていたのだが、道長は前日、世尊寺を来訪し、供養について問うた（『権記』）。行成が感激したことは、言うまでもない。

さて、定子の死によって、ただ一人の円融皇統の皇子である敦康は、後見も生母もないまま、一人残されてしまっていた。しかし、定子が崩じた後にも、一条と彰子の間に皇子懐妊の「可能性」が生じていなかったという情勢にあっては、道長や詮子は、引き続いて敦康を後見するしかなかった。

この年の春頃から行成は一条に、後漢《ごかん》の明帝《めいてい》（顕宗《けんそう》）が馬《ば》皇后に粛宗《しゅくそう》（後の章帝《しょうてい》）を愛養させた故事を上奏し、彰子に敦康を養育させることを提言していたが、八月三日に至って敦康は彰子の上直廬《うえのじきろ》に移御し、十一日に敦康の魚味始《まなはじめ》が行なわれた。十一月十三日には彰子の御在所において、一条臨幸《りんこう》のもと敦康の着袴《ちゃっこ》を行なった（『権記』）。こうして敦康は、道長と彰子の後見を受けることになった。

この年、詮子は四十歳を迎えていた。当時は四十歳で長寿の祝いである算賀《さんが》が行なわれることになっていた。道長は三月十日の開催を計画していたが、二月九日、詮子は疫病の流行に鑑《かんが》み、延期するよう一条に奏上させた（『権記』）。

結局、四十の算賀は、詮子自身の九月十八日からの病悩を乗り越え、十月九日に道長の土御門第において、一条と彰子を迎えて行なわれることになった。七日に内裏で行なわれた試楽《しがく》（リハーサル）では、まず陵王《りょうおう》を舞った道長嫡男で十歳の鶴君（頼通。源倫子《りんし》所生）に対して一条が御衣《おんぞ》を下賜し、感激した道長は一条の御前で拝舞《はいぶ》した後、『野府記《やふき》〈小右記〉』によれば「躍踊《やくよう》」、『権記』によれば「跳舞《ちょうぶ》」して、「天長地久《てんちょうちきゅう》」と称した。実資は、「その様子は軽々しかった」と、行成は、「軽率のようであるけれども、感悦《かんえつ》に堪えなかったのであろう」と、それぞれ記している。

ところがその後、道長二男で九歳の巌君《いわぎみ》（頼宗《よりむね》。源明子《めいし》所生）が納蘇利《なそり》を舞うと、人々はその素晴らしさに、「舞曲は甚だ絶妙であった。見た者で感嘆しない者は無かった」（『野府記〈小右記〉』）、「舞の腰は天性《てんせい》を得ていた。神妙《しんみょう》と称すべきである」（『権記』）と感動した。有頂天の道長は、厳君の舞の方が優れていたことに、この時点では不安を感じなかったのであろうか。

当日の十月九日、やはり厳君の舞った納蘇利の方がきわめて優妙で、「主上《しゅじょう》（一条）は感動される様子が有った。上下の者は感嘆し、涙を拭《のご》う者が多かった」ということとなった。厳君の舞の師である多吉茂《おおのよしもち》が栄爵《えいしゃく》を賜わったことから、道長は「心に怨色《えんしょく》」を発し、座を起って寝所に入ってしまった（『野府記〈小右記〉』）。

実資は、「兄（鶴君）は既に愛子であって、中宮の弟、当腹《むかいばら》（倫子）の長子。納蘇利は外腹《そとばら》（明子）の子。その愛はやはり浅い」と解説している。道長の行動については、「納蘇利の童《わらわ》（頼宗）の父でもある。また、執柄《しっぺい》の臣である。ところが（寝所に籠るなどとは）事情をわきまえていない」と批判している（『野府記〈小右記〉』）。道長が怒ったのはその場にいた倫子の手前であったのかもしれないが。

結局、一条の再三の詔命《しょうめい》によって道長は席に戻ったものの、不興《ふきょう》は収まらず、一条を一宿させて翌日は競馬御覧《くらべうまごらん》の予定が、深夜に還御《かんぎょ》ということになった（『野府記〈小右記〉』）。

道長の怒りも収まったのか、十月二十三日には内裏の庚申待《こうしんまち》に参入し、作文会《さくもんかい》（漢詩を作る会）と管弦《かんげん》を催している。参入した行成は、「皇后（定子）は国母であった。期年《きねん》の喪は未だ服喪《ふくも》が終わっていない。今、この儀が行なわれた。人は惑ったのである」とあるように（『権記』）、定子の喪が明けていない期間の遊興に批判的であった。

年末の閏《うるう》十二月五日頃から、詮子の病悩（「腫物《しゅもつ》」）がいよいよ危急《ききゅう》となった。十六日には一条が詮子の御所（平惟仲《これなか》邸か）に行幸し、伊周を本位の正三位《しょうさんみ》に復した（『権記』『百《ひゃく》練抄《れんしょう》』）。詮子の病悩と伊周周辺による呪詛が結び付き、その怨霊《おんりょう》を恐れたものであろうが、最後まで詮子の病悩には、伊周の影が付きまとっていたことになる。

その閏十二月十六日に剃髪した詮子は、翌十七日に行成の三条第《さんじょうてい》に渡御し、二十二日、ついに崩御した。一条の方に詮子の死を悼《いた》む言葉は見られず、二十九日に参内した行成が一条に、詮子の発病以後、崩御、葬送、木幡《こはた》への遺骨移葬について奏上しても、それに対する一条の言葉には、詮子に関するものはまったくなく、明年元日の戴餅《いただきもちい》の儀について、道長の許に行って仰せてこいとの命のみであった（『権記』）。定子が崩じた際の道長の態度に対する意《い》趣《しゅ》返しの観もある。

第三章　彰子懐妊への祈り

寛弘四年（1007）、道長が彰子の懐妊を祈願した金峯山

一条《いちじょう》天皇の生母で、道長《みちなが》政権を支え続けていた姉の東三条院詮子《ひがしさんじょういんせんし》が長保《ちょうほう》三年（一〇〇一）に崩御《ほうぎょ》した。もともと一条には兄弟がいないので、これで円融《えんゆう》皇統を一人で支えなければならなくなってしまった。また道長も末子であり、弟はいない。つまり一条も道長も、父母も同母兄弟もいないという状況となったのである。これ以降、一条と道長は、二人だけで政務を総攬《そうらん》しなくてはならなくなったことになる。

長保五年になると、嫡男の頼通《よりみち》が元服し、寛弘《かんこう》元年（一〇〇四）に春日祭勅使《かすがさいちょくし》として奈良に下向《げこう》するなど、ようやく「後継者」がその歩みを始めた。道長が三年半ぶりに日記を記し始めたのも、それが契機となっているものと考えられる。

なかなか彰子《しょうし》が懐妊しない情勢の中、道長は定子《ていし》の遺した敦康《あつやす》親王の後見《こうけん》を続けていた。万一にも彰子が皇子《おうじ》を産まなかった場合の円融皇統のスペア・カードとして、道長は敦康を懐中に収めていたのである。

寛弘二年十一月、内裏《だいり》が焼亡し、神鏡《しんきょう》が焼損してしまった。

そして寛弘三年頃、十九歳に達した彰子と二十七歳の一条との間に、ようやく皇子懐妊の「可能性」が生起したものと思われる。これ以後の一条後宮《こうきゅう》においては、彰子がただ一人のキサキとして「時めく」ことになる。

相変わらず彰子との間に皇子を儲けられない一条に対する苛立ちを募らせていた道長は、ついに寛弘四年八月、金峯山詣《きんぶせんもうで》を決行した。これが功を奏したのか、この寛弘四年の十二月頃、彰子はついに懐妊した。

道長や彰子、そして一条の安堵は、いかばかりのものであったことか。なお、この頃から道長が敦康を疎略に扱っているかのような記述が目立つ。

一条天皇、定子の妹を寵愛す

詮子の死によって、長保四年（一〇〇二）以降は、天皇の父母が共に存在しないという事態を迎えてしまった。実はこれは、平安時代の中ではわりと珍しい事態なのである。次の三条《さんじょう》天皇の時代も同様なのであるが、そういったところに、道長が個性と権力を発揮しやすい要因があったのかもしれない。

ところが、相変わらず彰子と一条との間には懐妊の「可能性」が生じなかった。一条の敦康への愛情と、定子への追憶、そして女御元子《にょうごがんし》（藤原顕光女《あきみつのむすめ》）への寵愛をめぐって、道長と一条との間に微妙な雰囲気が生じる可能性があった。

そしてそれは現実のこととなった。定子の妹（道隆《みちたか》四女）で敦康の「御母代《ははしろ》」として彰子の御在所《ございしょ》に伺候《しこう》していた御匣殿《みくしげどの》（後宮で天皇の身のまわりの世話を奉仕した上臈女房《じょうろうにょうぼう》。天皇の侍妾《じしょう》となることもあった）を一条が寵愛し、懐妊させたとされるのである。これが史実だとしたら、十代後半という年齢の御匣殿の中に、一条はかつての定子の面影を見出したのであろうか。御匣殿は六月三日に卒去《そっきょ》してしまうが（『権記《ごんき》』）、道長も彰子も、御匣殿の懐妊を知った際の心中は、かなり複雑だったことであろう。

ただ、道長としても、彰子に皇子懐妊が期待し得なかったこの時期においては、引き続いて敦康の後見に努めるしかなかった。三月九日に敦康は上巳《じょうし》の祓《はらえ》を行なっているが、これには道長も伺候している。六月七日には敦康は道長邸に移御《いぎょ》している。二十日の敦康の方違《かたたがえ》には、道長は車後《くるまじり》に伺候し、二十三日に敦康が一条院内裏《いちじょういんだいり》に還御《かんぎょ》した際には、道長は贈物として野剱《のだち》を送っている。八月二十二日の敦康御読経《みどきょう》も、道長邸において行なわれたものである（『権記』）。

頼通の元服

長保五年（一〇〇三）になっても、敦康に対する道長の後見は続いた。三月三日の上巳の祓では、道長は敦康の車に伺候し、八月十四日には敦康のために東寺と西寺で寿命経《じゅみょうきょう》を転読させた。十月八日には敦康は道長第に移御している（『権記』）。

さて、二月二十日、道長嫡男で十二歳の頼通が元服し、二女で十歳の妍子《けんし》が着裳《ちゃくも》の儀を行なった。これで頼通は宮廷社会にデビューし、妍子はいずれ東宮居貞《とうぐうおきさだ》親王の妃《ひ》となることが視野に入ってきたことになる。頼通は即日、正五位下《しょうごいげ》に叙されて東宮殿上《とうぐうてんじょう》を聴《ゆる》され（『権記』）、この年のうちに侍従《じじゅう》・右少将《うしょうしょう》に任じられている。

道長としても、自分の権力を次世代に伝える展望が開き、そして次代の天皇にも自分の女をキサキとするという目標ができたことになる。

一条天皇を神社行幸に連れ出す

寛弘元年（一〇〇四）は道長も年初から機嫌がよかったようで、正月二十二日から行なわれた除目《じもく》、二月二十六日の直物《なおしもの》、六月十七日の小除目《こじもく》も平穏に行なわれている（『御堂《みどう》関白記《かんぱくき》』）。

二月五日に行なわれた春日祭使頼通の出立《しゅったつ》の儀には実資《さねすけ》も珍しく顔を見せ（頼通の上司にあたる右大将《うだいしょう》であったからだろうが）、道長を感激させている（『御堂関白記』）。実資の参列は話題になったらしく、『権記』にも特記されている。

春日祭当日の二月六日には、道長は公任《きんとう》や花山《かざん》院と和歌の贈答を行なうのであるが（『御堂関白記』）、ここでは省略しよう。

道長の方は、六月七日から頭をひどく痛め、七月二日からは霍乱《かくらん》（下痢・嘔吐を主症状とする急性胃腸炎）を病んで心神不《しんしんふ》覚《かく》となり、夜通し、辛苦している（『御堂関白記』『権記』）。実資は三日に道長の見舞いに参ったものの、道長の嘔吐は止むことがなく、会うことができなかった（『小右記《しょうゆうき》』）。

この年の夏は炎旱《えんかん》が続いていたが、七月十日、ついに一条は清涼殿《せいりょうでん》の庭中において雨を祈るという挙に出た。そして翌十一日の朝、一条は酒を飲むという夢を見た。これを聞いた道長は、すぐさま「雨が降るのでしょうか」と奏上《そうじょう》、それを承《う》けた一条は上機嫌であったとある（『御堂関白記』）。民を思う一条の心情と、道長との円満な君臣関係が窺える例である。なお、天が感じたらしく、雷声と共に小雨が降り、十二日から十四日までは雨が続いている（『御堂関白記』）。

この年、道長は一条を神社行幸《ぎょうこう》に連れ出した。まず十月十四日に松尾社《まつのおしゃ》、次いで二十一日に平野《ひらの》・北野《きたの》両社に行幸を行なっている（『御堂関白記』『権記』）。松尾社と北野社は、天皇としては初度の行幸である。道長が兼家《かねいえ》の時代の春日行幸、道隆の時代の大原野《おおはらの》行幸にならい、初度行幸によって執政者としての権威を確立しようと企図したものであろう。

中関白家の復権に意を注ぐ

寛弘二年（一〇〇五）が明け、正月四日に道長は、年末からの頼通の病によって明日の叙位議《じょいのぎ》に参らないと奏聞《そうもん》してきた。実資には、「相府《しょうふ》（道長）は深く嗟嘆《さたん》している」という情報が伝わっている（『小右記』）。一条は、五日に道長不参《ふさん》の際は叙位を行なわないとの仰せを伝えた。結局、叙位議は翌六日に延期され、召しによって道長も参入した（『御堂関白記』）。

正月十日に行なわれた女叙位《おんなじょい》では、女御の元子は漏れていた。元子の父である顕光が一条に、自分の女にも女御の義子《ぎし》（公季《きんすえ》の女）と同じ位を賜わることを奏上し、十一日、義子・元子に従二位《じゅにい》を賜うことになり、道長を当惑させている（『御堂関白記』）。

また、同じ正月十日に一条は、御乳母《めのと》の橘徳子《たちばなのとくし》所生の藤原資業《すけなり》に昇殿を聴《ゆる》した。道長は、「ただ仰せに随います」と答えながらも、殿上人《てんじょうびと》が四十人もいるのは都合が悪いことをたびたび奏上しているのに、如何《いかが》なものかと不快感を露《あら》わにしている（『御堂関白記』）。このように、独自の政治意思を発揮し始めた一条と道長の間には、しばしば意見の齟齬《そご》が生じてきた。

次は除目である。正月二十二日、道長は、「今年は除目に参る事は、考えますに憚《はばか》る事がございます。他の人に奉仕させられては如何でしょうか」と、除目への不参を表明した。翌二十三日、一条が、「もし汝《なれ》が参らないのならば、除目を行なうことはできない」と除目の執筆《しゅひつ》奉仕を依頼すると、道長は奉仕することを奏上した。ところが当日の二十五日、一条からの召しがあっても、道長はなかなか議所に参上しなかった。それでも二十七日の日記には、「今年の除目は、京官《きょうかん》（中央官）を始め受領《ずりょう》に至るまで、道理《どうり》のままに行なわれた」と記している（『御堂関白記』）。

この頃、一条と道長は中関白家《なかのかんぱくけ》の復権に意を注いでいた。一条としては中関白家を敦康の外戚《がいせき》に相応《ふさわ》しい立場に戻す必要を考えたのであろうし、道長としては政権復帰の望みを絶った政敵に恨みを残されたくなかったのであろう。隆家《たかいえ》はすでに長保四年に権中納言《ごんちゅうなごん》に復帰していたが（『公卿補任《くぎょうぶにん》』）、この年の二月二十五日には伊周《これちか》の座次《ざじ》を、「大臣《だいじん》の下、大《だい》納言《なごん》の上」と定めた。三月二十六日、伊周は昇殿を聴され、早速に参内《さんだい》しているが（『御堂関白記』『権記』『小右記』）、公卿社会の反応は、当然ながら冷ややかであった。実資は、「これは左府《さふ》（道長）の意向である」、「そのような意向は無かった」と二種類の伝聞を記している（『小右記』）。

翌三月二十七日、敦康の一条との対面と、脩子《しゅうし》内親王の着裳の儀が行なわれ、一条は彰子の御在所に設けられた敦康の直廬《じきろ》に渡御《とぎょ》した（『御堂関白記』『権記』『小右記』）。この日の儀式では、道長が終始敦康を扶持《ふじ》して（『小右記』）、敦康の後見の役を勤めていた。

彰子の大原野社行啓

この間、道長は三月八日に彰子の大原野社行啓《ぎょうけい》を挙行している（『御堂関白記』『権記』『小右記』）。かつて彰子立后《りつごう》が取り沙汰されていた時に問題となった大原野社に、万事を「あたかも行幸の儀のようであった」という式次第で行なわれたこの行啓は、道長が自己の権威の確立を、もはや一条を連れ出す神社行幸ではなく、別の方式に求めていたことを示すものである。一条は、この行啓をどのような気持ちで見送ったのであろうか。

当然ながら、実資はこの行啓に批判的であり、三月五日に、翌日の試楽《しがく》に参入するよう命じられた際にも、「試楽とは何の試楽か。甚だ荒涼《こうりょう》（いい加減）である」と突き放している。それでも当日、行啓に付き従った実資を、道長は帰途に招き、同車して帰洛した。車中では数度、従ってくれた喜びを語り、翌九日にも、実資に感謝を伝える使者を遣わしている。「悦気《えつき》は甚だ深い」とのことであった（『小右記』）。

三月二十九日に土御門第《つちみかどてい》で作文会《さくもんかい》が催された。参列した伊周の詩には、毎句、述懐《じゅつかい》に感が有り、満座は涙を拭《のご》い、道長は感嘆して引出物《ひきでもの》を下賜《かし》した（『小右記』）。四月四日に土御門第で行なわれた射儀《しゃぎ》では、「帥《そち》（伊周）」は大臣の座に坐っている（『御堂関白記』）。

五月十三日には土御門第で法華三十講《ほっけさんじっこう》が終わった後、僧たちの要望によって騎射《きしゃ》が行なわれ、そのまま庚申待《こうしんまち》の作文会と一種物《いっすもの》という宴飲《えんいん》が開かれた（『御堂関白記』『権記』）。翌日になってそれを聞いた実資は、それを非難した後、「右衛門督《えもんのかみ》（斉信《ただのぶ》）以下《いげ》の恪勤《かくご》の上達部《かんだちめ》が伺候した」という報を記した上で、「七、八人の上達部を以て、世に『恪勤の上達部』と称している。朝夕、左府の勤めを行なっているものか」と解説している（『小右記』）。朝廷ではなく、道長に仕えている公卿という意味の皮肉なのであろう。

十月一日の孟冬《もうとう》の旬政《しゅんせい》では、式次第に違例《いれい》が多かったのであるが（『御堂関白記』『権記』『小右記』）、身分の低い者が坐る末座《すえざ》にまで四種の膳と下器《かづき》を渡すかどうかで、諸卿と道長の意見が対立した。諸卿は「これはそうであってはならない事である」と、道長は「これは一説である」と主張したのであるが、実資の、「これは善《よ》い例である」という裁定で決着した。道長はよほど嬉しかったのか、「式次第を書いた懐紙《かいし》は有るか」と実資に尋ね、実資は密々にそれを奉っている（『小右記』）。実資という人は、別に道長と対立していたわけではなく、儀式の運用をめぐって、道長から強い信任を得ていたのである。道長は、向後の参考に保存しておこうと考えたのであろうか。

浄妙寺の造営

　この頃、道長が最も意を注いでいたのは、一族の埋骨地である宇治《うじ》の北端の木幡《こはた》に、菩《ぼ》提所《だいしょ》としての浄妙寺《じょうみょうじ》を造営《ぞうえい》することであった。すでに、寛弘元年二月十九日に三昧堂《さんまいどう》を建立する地を選定し（『御堂関白記』）、造営が始まっていた。

　この寛弘二年の六月二十一日には三昧堂供養の際の経を準備、九月二十八日には鐘の鋳造を行なった。銅が足りなかったので、不足分の銅を焼いて鐘に鋳加え、二十九日には完成したようである（『御堂関白記』）。

　そして十月十九日に三昧堂供養が行なわれた。百人を越える僧や右大臣《うだいじん》顕光・内大臣《ないだいじん》公季をはじめとする十六人の公卿が参列して、供養が始まった（『御堂関白記』）。

その後に行なわれた三昧会《さんまいえ》では、道長は燧石《ひうちいし》を取って、仏に啓白《けいびゃく》（法会《ほうえ》や修法《しゅほう》の趣意や願意を仏に申し上げること）した。この願《がん》は現世の栄耀《えいよう》や寿命福禄《じゅみょうふくろく》のためではなく、父母（兼家・藤原時姫《ときひめ》）や基経《もとつね》をはじめとする先祖の霊の菩提のため、そして一門の人々を極楽に引導《いんどう》するためであるというものである（『御堂関白記』）。

そしてその証明のために燧石を打つが、打つこと二度に及ばずに火が付くことを願い、石を打った。一度にして火が付くと、道長は感涙を数行、流した。「見聞していた道俗《どうぞく》が涙を流したことは、雨のようであった」とあるが（『御堂関白記』）、『権記』にも、「香火《こうか》は大臣が請い誓って、燧石を叩いた。一度にして火が付いた。衆人《しゅうじん》は感嘆した」とある。また、堂僧《どうそう》が時《じ》刻《こく》を告げる法螺《ほら》を吹いたところ、新しい法螺の声はいまだ調律しておらずに不快であった。道長が法螺を取って試みに吹いてみたところ、法螺の声は長大であったので、「万人はこのことに感悦した」という（『御堂関白記』）。

十一月十三日、敦康の読書始《どくしょはじめ》が、彰子御在所において行なわれた。一条は密々に渡御し、詩を講じていた間、密かに屛風《びょうぶ》を取り払って見守った（『小右記』）。道長はこの時、「我が王（敦康）は、……君命を蒙《こうむ》ってから、孫に異ならない」という詩を敦康に献じている

（『本朝麗藻《ほんちょうれいそう》』）。同日、伊周には朝議《ちょうぎ》に参預せよという宣旨《せんじ》が下り、実資はこれを、「未だ前例のない事である」と非難している（『小右記』）。

神鏡焼損

そして翌々日の十一月十五日、大変な事態が宮廷を襲った。皆既月蝕《かいきげつしょく》が終わったばかりの深夜、内裏の温明殿《うんめいでん》と綾綺殿《りょうきでん》の間から出た火は、瞬く間に内裏を包み込んだ。一寝《いっしん》した後、「西の方角に火事が有ります」という声に起きて馳せ参じた道長は、天皇の御在所を問い、次いで神鏡を奉置してある賢所《かしこどころ》（温明殿の南の神殿）を守護すべしとの意向を示したが（『御堂関白記』『小右記』）、火元に近いこともあって、もはや手遅れであった。

夜が明けた後、賢所のあたりを捜索してみると、灰の中の瓦の上に、焼損した神鏡が発見された。わずかに帯を残すものの、残りは焼損して円規《えんき》はなく、すでに鏡の形を失なっていた。道長は神鏡焼損を深く嘆いたという（『小右記』）。

これは後世、「三種の神器《じんぎ》」の一つとされることになる八《や》咫鏡《たのかがみ》である。かつて村上《むらかみ》朝の天徳《てんとく》四年（九六〇）や円融朝の貞元《じょうげん》元年（九七六）、天元《てんげん》三年（九八〇）、天元五年の内裏焼亡に際しても奇蹟的に難を免れた神鏡を、自分の代で焼損させてしまった一条、および道長の苦悩は、想像に余りある。

神鏡改鋳の可否を定める陣定《じんのさだめ》は、十一月十七日に開かれることになった。ところが前日の十六日、道長は何人かの公卿を自分の直廬に招いて談合を行ない、「神鏡を加鋳《かちゅう》すべきである」との結論を得た。それを知った実資は、「陣定の前にあれこれ談合を行なうとは、感心しない」と憤慨している（『小右記』）。

当日の十一月十七日になると、「まず諸道に勘申《かんじん》させてから定めるべきであろう。改鋳するといっても、俗銅を以て神物（神鏡の残骸）に混ぜてはならない。焼け残った神物をただ奉斎《ほうさい》して安置すべきであろう」という実資の意見に全員が賛成し、一条は「諸道に勘申させよ」という勅定《ちょくじょう》を下した。実資は、諸卿が昨日の談合の結論を変えて自分の意見に従ったことに、また憤慨している（『小右記』）。

十一月二十七日に、一条は東三条第《ひがしさんじょうてい》に彰子と共に遷御《せんぎょ》し、里内裏《さとだいり》（内裏が焼亡した場合に天皇が遷《うつ》る邸第《ていだい》）とした。神鏡（の残骸）もまた、十二月九日に東三条第に移されたのであるが、その時、新しい辛櫃《からびつ》に収めて塗籠《ぬりごめ》（母屋《もや》の一端を区画し、周囲の壁を壁土で塗り込めた納戸や寝室）に安置したところ、辛櫃の中から神鏡（の残骸）が光を放ち、室内は照り輝くという奇蹟が起こった。神鏡に対する人々の思いの深さによるものであろう。

『御堂関白記』には、「このような瑞相《ずいそう》は、未だ曾《かつ》てなかったものである。この度《たび》の火災によって、神鏡の御本体は、完全ではなくなってしまった。ところがこの奇瑞《きずい》が有った。衆人の感動したことは、ただこのことであった」と、『小右記』には、「神験《しんげん》は、やはりあらたかである。最もこれは恐驚に足るものである」と、『権記』には、「新しい辛櫃に移し入れようとしたところ、照り耀《かがや》くことが有った」と記されている。

一方、内裏の造宮定《ぞうぐうさだめ》は十二月二十一日に行なわれ、諸国は荒廃し、官物《かんもつ》（公領における貢納物）もないので、もっぱら受領に課したらどうかとの一条の勅語《ちょくご》が示された（『小右記』）。この造宮定の最中、一条から、「私物で常寧殿《じょうねいでん》と宣耀殿《せんようでん》の二つの殿舎《でんしゃ》を造るので、その成功《じょうごう》（造営などに資財を提供して、希望の官位を得ること）によって重任《ちょうにん》（任期のある官職、特に受領に重ねて任じること）の宣旨を賜わりたい」との播磨守《はりまのかみ》藤原陳政《のぶまさ》の申文《もうしぶみ》が給された（『御堂関白記』）。

功績の実行以前に賞を与えるべきではないという意見も出されたが、道長は、「公益《こうえき》のために裁許《さいきょ》されるべきである」という意見を述べた後、「此《こ》の由《よし》」を一条に奏聞した。ところがそれは、『小右記』によると、「造営を割り充てることのできる国がない」というものであった。道長の意見を承けて一条が下した結論は、「『割り充てられることになっている国は堪え難い』ということなので、陳政に殿舎を割り充てて造営を行なわせ、重任を聴《ゆる》すように」というものであった（『御堂関白記』）。これも一条と道長の二人の間には、はじめから合意ができていたのであろうか。こうして、結局は一条の入ることのなかった内裏の造営が始まったのである。

一条天皇への怒りを記す

明けて寛弘三年（一〇〇六）の正月二十八日に行なわれた除目においては、右大臣顕光が推挙した平維衡《これひら》を一条が伊勢守《いせのかみ》に任じようとしたところから、道長との意見の相違が表面化した。この維衡は、長徳《ちょうとく》四年に伊勢国で合戦を行ない、一条の恩情によって淡路《あわじ》移郷《いごう》（本貫地《ほんがんち》を追われて他郷に移されること）に処せられていた人物であった。顕光の家人《けにん》でもあり、女御元子の里邸《りてい》である堀河殿《ほりかわどの》を修造していた。

道長が維衡の任官に反対したのは、一条が維衡を伊勢守に任じるということが、それだけ元子を重く見ている証左であったからである。かつて一条の子を懐妊したことのある元子を一条が寵愛することは、道長にとっては大きな恐怖であった。後見のいない定子とは異なり、元子の父は自分の次席の大臣である顕光なのである。

道長は、「御門《みかど》（一条）のお考えは、未だよくわからない。不審に思ったことは極まり無かった」と烈しい憤りを露わにし、「伊勢守の任命が有った後は、欠官《けっかん》があったのに任じ申さなかった」と、除目を打ち切るという挙に出た。そして日記に、「天皇のたっての仰せが有ったので、あれこれ申さなかった。このことは私の本意《ほい》とは相違しているのである」と怒りをぶちまけている（『御堂関白記』）。一条のことを「御門」などと古風に称しているのも、何らかの感情の表われであろう。

なお、維衡は三月十九日に早くも伊勢守を解任《げにん》されている（『日本紀略《にほんきりゃく》』）。道長が巻き返しを行ない、一条に圧力を加えて翻意を勝ち取ったものとされる。ただし、維衡は道長に接近して六月には上野介《こうずけのすけ》に任じられ、伊勢に留住《りゅうじゅう》して伊勢平氏《いせへいし》の祖となることになる。

しかし一条は、元子への執着を持ち続けていた。二月二十五日にも、東三条第内裏（堀河殿の至近である）に元子を参入させている。道長の、

「承香殿女御《じょうきょうでんのにょうご》（元子）が、内裏に参った。これは一時的なもので、夜の内に退出された」ということだ。「天皇は輦車宣旨《てぐるませんじ》（宮門まで輦車に乗ることを聴す宣旨）を賜わった」ということだ。「燭《しょく》を掲げる者は、六位《ろくい》と五位《ごい》が、合わせて四人ほどであった」

ということだ。「輦車の後ろに、女房五、六人が立っていた」ということだ。

という記述（『御堂関白記』）からは、元子を求める一条への憤り、そして付き従う公卿がおらず、公卿社会が元子を支持していないことへの安堵感が見えてくるようである。この後は元子の内裏参入は確認できず（道長が妨害したとの伝えもある）、堀河殿に里下がりを続ける日々が続いた。

この頃、十九歳に達した彰子と二十七歳の一条との間に、ようやく皇子懐妊の「可能性」が生起したものと思われる。そしてそれは、ただちに道長に知らされたはずである。

一方、前年に焼亡した内裏の造営は着々と進んだ。また、焼損した神鏡改鋳の可否を定める御前定《ごぜんのさだめ》が七月三日に開かれた。神鏡（の残骸）を改鋳すべきではないという意見が七人、神祇《じんぎ》の亀占《きせん》や筮《ぜい》の吉凶を禱請《とうせい》して、その告げによって決定すべきであるという意見が、道長はじめ三人となった。一条が、「いま一度、議定《ぎじょう》せよ」と命じても、やはり同じであった（『御堂関白記』）。

その後、道長の、「この事は、決定することは難しい。……元の神鏡に禱請を加えて、安置し奉るべきであろうか」という愚痴まじりの言葉で議定は終わったのである。そして七月十五日、「一昨の定」によって、道長が主張した通り、結局は御卜《みうら》が行なわれ（『権記』）、そのまま賢所に安置された（『日本紀略』）。

興福寺の愁訴を退ける

ちょうどその頃、大和守《やまとのかみ》源頼親《よりちか》と興福寺《こうふくじ》との間に紛争が起こっていた。頼親配下の当麻《たいまの》為頼《ためより》と興福寺僧蓮聖《れんしょう》との間の田をめぐる抗争に対し、六月二十日に大和国が蓮聖を提訴したことを承けて、道長は七月三日（神鏡改鋳の可否を定めた御前定の日）に蓮聖の公請《くじょう》を停止《ちょうじ》した（朝廷の法会や講義から閉め出すこと）のである。

この一方的な措置に対し、興福寺の大衆《だいしゅ》（僧兵《そうへい》）が沸騰した。七月七日に提出した愁《しゅう》状《じょう》が返却された（『御堂関白記』）のを承けて、十二日に三千人が大挙して上京してきた（『神木動座《しんぼくどうざ》之《の》記《き》』所引『小右記』）。

同日、興福寺別当《べっとう》の定澄《じょうちょう》は道長に脅しをかけたが、さすがは道長、まったく屈することはなかった。深夜には慶理《きょうり》なる僧が道長の許を訪れ、すでに木幡山《こはたやま》に二千人が集結していると語ったが、道長はこれにも豪毅に対応している（『御堂関白記』）。

翌七月十三日、実資をはじめとする十人の公卿が土御門第にやって来て、「『興福寺の僧たちがやって来る』ということです。不審に思うことは少なくありません」と不安を口にしたが、道長は、「大した事はない。陣定《じんのさだめ》が開かれることになっている。内裏に参られよ」と語り、皆と同行して内裏に参った。そして客星勘文《かくせいかんもん》（新星もしくは彗星の出現に際して天文博士《てんもんはかせ》が変異の状況と吉凶を勘申して密奏《みっそう》した勘文）などの項目について定めている（『御堂関白記』『権記』）。

そしてその後に、朝堂院《ちょうどういん》に参集している大衆を、検非違使《けびいし》を遣わして追い立てさせるという宣旨を下した。「僧たちが参上しているというのは、道理が無い。早く奈良に罷《まか》り還った後、愁訴《しゅうそ》したい事が有るのならば、僧綱《そうごう》（僧正《そうじょう》・僧都《そうず》・律師《りっし》からなる、仏教界を統括する中央の僧官）が訴えるように。もしこのような事が有ったならば、不都合なことではないか」と（『御堂関白記』、『神木動座之記』所引『小右記』）。

七月十四日には大衆はすべて退去した。別当以下の高僧が十五日に土御門第を訪れ、道長が興福寺僧の中文《もうしぶみ》四箇条を一々裁定したところ、僧たちは道長の裁定が事毎《ごと》に道理であると称して還り去った。道長は、「私は、うまく処置を行なったものだ」と自讃している（『御堂関白記』）。これを聞いた行成《ゆきなり》は、「長者《ちょうじゃ》（道長）の命を承って、すでに口を閉じたようなものである」と称した（『権記』）。中世の僧兵や、それに対する朝廷の対応と比べると、隔世の観がある。

八月十五日には敦康が病悩《びょうのう》した。道長は土御門第で予定していた作文会を停止して参内したものの、「一宮《いちのみや》（敦康）は、大した事は無くいらっしゃった」ということで、すぐに退出してしまった。十七日には彰子の御所において敦康のために童相撲《わらわすまい》が催され、一条が渡御しているなど（『御堂関白記』）、彰子の敦康に対しての後見は続いているものの、道長の敦康に対する態度は、徐々に冷え始めていることが窺える。

この年の十一月二十六日にも、道長は左《さ》大臣《だいじん》の辞表を上表《じょうひょう》した。この年に至っても、まだ道長は一条の信任を確認しなければならなかったのであろうか。一条はこれを却下し、二十八日からの除目の奉仕を命じたが、道長は他人に奉仕させることを奏聞した。一条は翌二十七日にも、道長に除目に奉仕することを命じたが、道長は憚りを奏上した。「私は初めて除目を奉仕して後、十二箇年になりますが、未だ障《さわ》りを申したことはありません」と言っているが、これはまったくの間違いである。一条からは「やはり奉仕せよ」との命が下り、道長も参内しようとしたが、上表後の参内は忌むべきであると言う人がいたとして、参内を取りやめた（『御堂関白記』）。

一条はやむなく、道長の奉仕を免除し、顕光を召すことになったが、顕光は深夜であったということで内裏に参らず、除目は結局、十二月十五日になって行なわれ、これには道長が奉仕している（『御堂関白記』）。

また、完成した新造《しんぞう》内裏に十二月二十六日に還御することが、いったんは十一月二十五日に決まり（『御堂関白記』）、当日の十二月二十六日には内裏に額を懸けたものの（『権記』）、結局は沙汰止みとなり、一条が内裏に戻ることは二度となかった。

なお、彰子の許に紫式部《むらさきしきぶ》が出仕したのは、この年の十二月末のこととされる。

金峯山詣で彰子懐妊を祈願

寛弘四年（一〇〇七）の正月五日、道長の嫡妻《ちゃくさい》である倫子《りんし》が、何と四十四歳で嬉子《きし》を出産した。道長は五日に行なわれた叙位議に不参し、産穢《さんえ》が明けた十三日と二十二日の女叙位、二十六日の除目の奉仕についても辞退しているなど（『御堂関白記』）、なかなか彰子との間に皇子を儲けられない一条に対する苛立ちがあったものかと考えられる。

土御門第では、三月三日に曲水《ごくすい》の宴《えん》が盛大に催されたが（『御堂関白記』）、行成は参列したにもかかわらず、「左府の許に参った。曲水の宴である」としか記していない（『権記』）。参列していない実資の『小右記』は、「地べたで詩を講ぜられた」という『三長記《さんちょうき》』

に引かれた逸文《いつぶん》が残るのみである。

道長はこの年、金峯山詣《きんぶせんもうで》を決行した。金峯山は現奈良県吉野郡の山上ヶ岳《さんじょうがたけ》（標高一七一九メートル）を中心とする山々であるが、この頃にようやく弥勒下生《みろくげしょう》の地として信仰の対象となったとされる。道長は長徳四年、そして寛弘八年にも参詣を計画しているが、実際に参詣したのは、この年だけであった。

閏《うるう》五月十七日から長斎《ちょうさい》（御嶽精進《みたけそうじ》）を始め、笠置寺《かさぎでら》・祇園感神院《ぎおんかんじんいん》（祇園社）・賀茂社《かもしゃ》に参り、鴨川と松崎で解除《げじょ》（穢を祓い清めること）を行なったうえで、八月二日に出立している。わざわざ朱雀門《すざくもん》の前の礼橋《らいばし》で解除を行ない、朱雀《すざく》大路を通って羅城門《らじょうもん》から出るなど、その高揚が窺える。石清水八幡宮《いわしみずはちまんぐう》や大安寺《だいあんじ》・壺坂寺《つぼさかでら》・現光寺《げんこうじ》（世尊寺《せそんじ》）などを経て、十一日に金峯山寺《きんぶせんじ》に到着した。この間、大安寺では宿所《しゅくしょ》が華美で金峯山詣に相応しくないというので南中門《みなみちゅうもん》の東腋《ひがしわき》に宿すなど（『御堂関白記』）、その信仰心は徹底している。

金峯山寺では、小《こ》（子）守三所《もりさんしょ》・護法社《ごほうしゃ》・三十八所《さんじゅうはっしょ》に参上し、金剛蔵王権現《こんごうざおうごんげん》が湧出《ゆうしゅつ》したという御在所（現大峰山寺山上本堂《おおみねさんじさんじょうほんどう》前）に参っている。そして理趣分《りしゅぶん》・般若心経《はんにゃしんぎょう》・金泥法《こんでいほ》華経《けきょう》・弥勒経《みろくきょう》・阿弥陀経《あみだきょう》、それに倫子の書写した経などの経を経筒《きょうづつ》に入れ、金銅《こんどう》の燈楼《とうろう》を立てて、その下に埋納した（『御堂関白記』）。

道長がこの時、子守三所に詣でている点、また埋納した理趣分が性欲を解放する思想を説く経である点から、この金峯山詣には、極楽往生《ごくらくおうじょう》に加え、彰子の懐妊祈願という意味も含まれていたのであろう。彰子はこの年の十二月、実際に懐妊している。

なお、私は、道長と同じ四十二歳の年の同じ八月十一日、金峯山に登った。その日も雨降りで、急峻な山道や断崖を雨をおして登った道長の執念を、すぐに実感することになったものである。今回、久々に登ってみたが、すでに道長が出家した年齢になってしまっていたものの、天気がよかったおかげで前回よりもずっと楽であった。

この金峯山詣について、『権記』では、「『この丑《うし》剋、左大殿《ひだりのおとど》（道長）は、金峯山に詣でられた。源納言《げんなごん》（俊賢《としかた》）が御供に供奉《ぐぶ》された』と云うことだ」としか記されていない（同行していないから当然ではあるが）。『小右記』はこの年は残っていないが、『小記目録《しょうきもくろく》』には八月九日のこととして、「伊周と隆家が、（平）致頼《むねより》と相語って、左大臣（道長）を殺害しようと欲した間の事」とある。とんでもない噂が、都では流れていたのである。

待望の懐妊

道長の方は、十二月十三日に元日朝拝《ちょうはい》（元日に天皇が大極殿《だいごくでん》で皇太子以下百官の拝賀《はいが》を受ける儀式）について定めた（『御堂関白記』）。かつて道隆が正暦《しょうりゃく》四年に朝拝を復興したことにならったものと思われるが、天皇代行である摂政《せっしょう》の道隆とは異なり、内覧《ないらん》に過ぎない道長は北面《ほくめん》して天皇を仰がなければならなかった。

さらには、道長にとって、それどころではなくなる事態が生起し、翌寛弘五年（一〇〇八）の元日は小朝拝《こちょうはい》（元日に清涼殿東庭《とうてい》で殿上人以上が天皇を拝する儀式）と元日節会《がんじつせちえ》（元日に天皇が群臣に宴を賜う儀式）のみが行なわれた。十二月頃、彰子がついに懐妊したのである。道長や彰子、そして一条の安堵は、いかばかりのものであったことか。

「中宮《ちゅうぐう》（彰子）は去年（寛弘四年）から懐妊されている」と云うことだ。「但し、事はなまじっかで不定《ふじょう》である。そこで秘せられる」と云うことだ。「他聞《たぶん》に及んではならない」と云うことだ。

という記事（『御産部類記《ごさんぶるいき》』所引『不知記《ふちき》』）からは、うかつに外に漏れて呪詛《じゅそ》でもされては大変だという、道長や一条周辺の配慮が窺えよう。

第四章　栄華の始まり

寛弘五年（1008）、一条天皇は彰子の産んだ敦成親王に会うために異例の土御門第行幸を行なった（再現模型。風俗博物館蔵）

寛弘《かんこう》五年（一〇〇八）四月、彰子《しょうし》は道長《みちなが》の土御門第《つちみかどてい》に退出し、九月十一日、待望の第二皇子《おうじ》敦成《あつひら》を出産した。そして十月の一条《いちじょう》天皇土御門第行幸《ぎょうこう》、十二月の百日《ももか》の儀と、後世、「寛弘の佳例《かれい》」と讃えられた盛儀が続いた。まさに「栄華の初花」であった。

寛弘六年正月、何者かが彰子・敦成親王・道長を呪詛《じゅそ》していたことが発覚し、伊周《これちか》の縁者が追捕《ついぶ》された。ここに伊周の政治生命は、完全に絶たれてしまったことになる。翌年正月、伊周は薨去《こうきょ》した。

この寛弘六年、一条は再び彰子を懐妊させ、十一月に敦良《あつなが》親王が生まれた。後に後朱雀《ごすざく》天皇となり、今日まで皇統を伝えることになる皇子である。

道長は寛弘七年には、二女の妍子《けんし》を東宮《とうぐう》居貞《おきさだ》親王に入侍《にゅうじ》させた。円融《えんゆう》・冷泉《れいぜい》の両皇統に自己の外孫《がいそん》を擁することを期したものである。

寛弘八年、一条は病に倒れ、居貞に譲位（三条《さんじょう》天皇）して崩御《ほうぎょ》した。次期東宮には、敦《あつ》康《やす》親王も視野に入れていた一条や彰子の望みを退け、道長は彰子所生の敦成を立てた。

道長は、三条からの関白《かんぱく》就任要請を拒否し、引き続き内覧《ないらん》兼左大臣《さだいじん》として政務を総攬《そうらん》していったが、妍子・娍子《せいし》といった三条のキサキの扱いをめぐって、早くも三条との関係に暗雲が垂れこめていくことになる。

敦成親王誕生

寛弘五年（一〇〇八）の正月ほど喜びに満ちて迎えた正月は、道長にはなかったであろう。彰子の懐妊が明らかとなっていたからである。一条天皇にとっては、敦康親王の存在を考えると、複雑な心境だったことであろうが。

正月五日の叙位《じょい》に際して、息男の教通《のりみち》と頼宗《よりむね》が加階《かかい》された道長は、「叙位の議は、常と同じであった」と記している。二十六日の除目《じもく》にも、道長は機嫌よく陣座《じんのざ》に着している（『御堂関白記《みどうかんぱくき》』）。

彰子の懐妊も、公になっていた。一方、行成《ゆきなり》は三月十九日に夢を見た。徳を積んだ高僧が多く参入して、彰子懐妊の慶賀を申していた。自ら男女を問うと、答えたことには、「男である」ということであった（『権記《ごんき》』）。敦康親王家別当《べっとう》（家政機関の政所《まんどころ》の長官）を勤め、一条の信任も厚い行成ではあったが、彰子が皇子を産み、一条と道長の関係が強化されることも宮廷の安定には必要であるとの思いによるものであろう。ただ、行成が再び、後涼殿《こうりようでん》の南屏が顚倒《てんとう》した夢を見たというのは（『権記』）、いかなる思いの反映なのであろうか。

「御懐妊五箇月」となった彰子は、多くの公卿《くぎよう》を従え、四月十三日に内裏《だいり》から道長の土御門第に退出した（『御堂関白記』『権記』）。供奉《ぐぶ》していた紫式部《むらさきしきぶ》も、おそらくは道長の命によって日記を記し始めた。いよいよ『紫式部日記《むらさきしきぶにつき》』の世界が始まったのである。

この頃、定子《ていし》所生皇子女に対する道長の対応には、明らかに変化が生じている。四月二十四日、一条が、病悩《びようのう》している媄子《びし》内親王の加持《かじ》を奉仕した文慶《もんけい》を権律師《ごんのりつし》に任じることを道長に提案したが、道長はこれに難色を示している（『御堂関白記』）。なお、媄子は五月二十五日に薨去してしまったが（『権記』『小記目録《しようきもくろく》』『日本紀略《にほんきりやく》』）、道長はこれに関して、何の記述もしていない。

また五月二十九日、一条は行成に敦康の御修法《みしほ》（国家または個人のために僧を呼んで行なう密教の修法）について命じた。行成は道長の許を訪れてこれを伝えたが、結局、道長がこれに関与することはなかった。七月十三日にも、敦康は道長邸ではなく内裏で御《み》読経《どきよう》を行なっている（『権記』）。

一条は彰子と道長への気配りを忘れず、六月十三日に一条院《いちじょういん》内裏において彰子のために御《み》修善《しゅぜん》（善行を積むことを指す仏語。特に経供養や読経、修法を指す）を修し、翌十四日には彰子を内裏に入御《にゅうぎょ》させている（『御堂関白記』）。

ところが、七月九日に彰子が内裏から退出しようとしたところ、御出《ぎょしゅつ》の時《じ》刻《こく》になって、土御門第は大将軍《たいしょうぐん》（陰陽道《おんみょうどう》の方角禁忌《きんき》。申《さる》・酉《とり》・戌《いぬ》年の三年間は南の方角に大将軍が塞がるのであるが、干支《えと》が甲子《かっし》の日から己巳《きし》の日までは大将軍が東に遊行《ゆぎょう》する）が遊行している方角であるということを、誰かが指摘した（『御堂関白記』『権記』『小右記《しょうゆうき》』）。

名だたる陰陽師《おんみょうじ》たちは、実はそれを忘れたふりをしていたのであろうが（道長も忘れていたふりをしていたのであろう。『御堂関白記』自筆本には、はっきりと大将軍遊行についての暦注《れきちゅう》が朱書《しゅしょ》されている）、はっきりと指摘された以上、これを無視するわけにはいかない。結局、退出は七月十六日に延期となった（『御堂関白記』『権記』『小右記』）。道長に表立って反抗することのできない誰かの嫌がらせか、あるいは場の空気が読めない者の無神経な一言だったのであろう。

実資《さねすけ》は、「本宮《ほんぐう》（土御門第）では饗宴《きょうえん》および所司《しょし》の室礼《しつらい》（屏風《びょうぶ》・几帳《きちょう》・障子などの調度品で間仕切をすること）が準備されていた。ところがその時刻に臨んで撤却《てっきゃく》した。頗《すこぶ》る怪異のようなものである」という報を聞き伝えている（『小右記』）。

また、八月十七日に土御門第の井戸の屋が「理由も無く、忽然《こつぜん》と顚倒した」という怪異があり、また彰子御在所《ございしょ》の塗籠《ぬりごめ》の内に犬の産穢《さんえ》が起こるなど（『小右記』）、人々が固唾《かたず》を呑んで見守るなか、彰子の出産の日は、刻々と近付いてきていた。

そして九月九日の夜半、彰子に産気が起こった。十日が明けると、道長の招集に応じた諸卿が続々と駆けつけた。しかしこの日は、産気は微々たるものであり、邪気《じゃき》（物怪《もののけ》）が出現するばかりで、一向に御産はなかった（『御堂関白記』『権記』『小右記』）。

この日、道長は土御門第を訪れた顕光《あきみつ》と公季《きんすえ》には面談したが、その後に伊周が参入しても会おうとはしなかった。実資は、「何か理由が有るのであろうか」と、意味ありげに記している（『小右記』）。これまでの一条後宮《こうきゅう》の推移を考えると、道長が定子の兄である伊周を怖れるのも当然であった。道長の女である彰子が一条の皇子を産むとなると、その際にあの女やその父の物怪が出現するだろうと道長周辺が考えるのも、これまた当然のことであった。

九月十一日の昼、「御物怪がくやしがってわめきたてる声などの何と気味悪いことよ」（『紫式部日記』）という状況のなか、彰子は「平安《たいらか》に」皇子（敦成《あつひら》）を出産した（『御堂関白記』、『権記』、『御産部類記《ごさんぶるいき》』所引『小右記』)。道長は諸卿に、「たまたま仏神《ぶつしん》の冥助《みょうじょ》によって平安に遂げた」と語るなど、喜悦《きえつ》の心はたとえようもなく、その様子は言い表わせないほどであった(『御産部類記』所引『小右記』)。

酔い泣きする道長

ただ、行成の『権記』には、「午《うま》剋、中宮《ちゅうぐう》は男皇子《おとこみこ》(敦成)を誕《う》んだ。仏法《ぶっぽう》の霊験《れいげん》である」としか記されていないし、何よりかつての敦康の誕生時とは異なり、諸史料に一条自身の喜びの言葉が残っていないことが気にかかる。ともあれ、これで敦康は、道長にとってまったく無用の存在、むしろ邪魔な存在となったのである。同様、伊周をはじめとする中関白家《なかのかんぱくけ》の没落も決定的となった。そればかりか、外孫を早く立太子《りったいし》させたいという道長の願望によって、やがて一条との関係も微妙なものとなる。

七夜の産養《うぶやしない》は朝廷主催のものであって、九月十七日に勅使《ちょくし》(皮肉にも伊周嫡子の道雅《みちまさ》であった)が遣わされたが、『紫式部日記』に彰子の様子が、「中宮さまの御帳台《みちょうだい》の中をおのぞき申しあげたところ、このように国の親としてあがめ尊ばれなさるような端麗なご様子にもお見えにならず、……」と描かれている。彰子周辺、ひいては道長周辺では、早くも彰子を「国の親」（国母《こくも》）ともてはやす雰囲気が存在したのであろうか。

九月二十五日、参内《さんだい》した道長に対し、一条は皇子の内裏参入の日を問うた。「十一月十七日です」と答えた道長に対し、一条は、「参入することになっている日は遠い。私が行幸することにしよう」と応じ、異例の土御門第行幸が行なわれることとなった（『御堂関白記』）。

土御門第行幸は十月十六日に行なわれ、皇子敦成《あつひら》への親王宣下《しんのうせんげ》、行幸叙位が行なわれ、管弦《かんげん》の遊びに移った（『御堂関白記』、『小右記』、『御産部類記』所引『不知記《ふちき》』）。『紫式部日記』には、「ああ、これまでの行幸《みゆき》を、どうして名誉あることと思ったのでしょう。今日のような光栄なこともありましたのにね」と酔い泣きする道長の姿が描かれている。

ただ、かつて定子をひたすら求めた一条の姿とは異なり、この行幸における一条と彰子との交流は、諸史料に見えない。やはり二人のキサキに対する思いの違いが出てきているのであろう。『紫式部日記』によると、一条が彰子の御帳台の中に入ったとたん、皆が「夜がたいそう更《ふ》けました。御輿《みこし》を寄せます」と還幸《かんこう》をせき立て、結局、夜のうちに一条は還御《かんぎょ》してしまったのである（『小右記』、『御産部類記』所引『不知記』『外記《げき》』）。

十一月一日、敦成の五十日《いか》の儀（誕生から五十日目の祝宴）が行なわれた（『御堂関白記』

『小右記』)。『紫式部日記』には、顕光が几帳のほころびを破ってはしたない冗談を語り、実資が女房《にょうぼう》の袖口を取って衣装の数を数え、公任《きんとう》が「このあたりに、若紫《わかむらさき》はおいででしょうか」と言って紫式部を探しまわり、隆家《たかいえ》が女房を柱もとに引っ張り込んで聞き苦しい戯れを言いかけるという、公卿連中の乱痴《らんち》気《き》騒ぎが描かれている(『小右記』には、「卿相《けいしょう》は酩酊《めいてい》した」とある)。

しかし、彼らは単純に新皇子誕生を祝う気持ちにはなれなかったはずである。ただ一人の勝者が確定したということは、他のすべての者は敗者になるわけであり、特に女《むすめ》や姉を一条の後宮に入れていた顕光や公季、隆家の心中は、察するに余りある。

彼らの心中を斟酌《しんしゃく》することもなく、彰子に向かって、「宮の御父としてわたしは不相応ではないし、わたしの娘として宮もお恥ずかしくなくいらっしゃる」とか、「この親があるからこそ子供も立派になったのじゃ」などという戯《ざ》れ言《ごと》を吐く(『紫式部日記』)道長というのも、大したものである。

追いつめられた伊周

十二月二十日には、彰子御在所において敦成の百日《ももか》の儀が行なわれた(『御堂関白記』)

『権記』『小右記』)。宴が、「盃酌《はいしゃく》が頻《しき》りに巡り、既に酩酊に及んだ」頃、能書《のうしょ》の行成が、公卿たちの詠んだ歌の序題《じょだい》を書こうとしていた時、伊周が行成から筆を取り上げ、自作の序題を書いた。その行為だけでも、「人々は、互いに不審に思った」とか（『御堂関白記』）、「満座は頗る傾き怪しんだ。帥《そち》（伊周）は自分を丞相《じょうしょう》に擬した（「儀《ぎ》同三司《どうさんし》」という自称のこと）。どうしてたやすく筆を取ったのか。身にはまた、忌諱《きき》（忌み嫌って憚《はばか》るべきこと）が有る。思い知っていないようなものである。きっと無心《むしん》なのであろうか」などと（『小右記』）記されているように、公卿層の非難を浴びたのであるが、さらに問題なのは、その内容である。

『本朝文粋《ほんちょうもんずい》』に収められているこの序の中では、敦成《あつひら》を「第二皇子」と呼称し、「隆周《りゅうしゅう》の昭王《しょうおう》・穆王《ぼくおう》は、暦数《れきすう》が長かった。我が君（一条）も又、暦数が長い。本朝の延暦《えんりゃく》（桓武《かんむ》天皇）と延喜《えんぎ》（醍醐《だいご》天皇）は、胤子《いんし》が多い。我が君も又、胤子が多い。康なるかな帝道《ていどう》は。誰が歓娯《かんご》しない者があろうか」という「私語」が続いている。一条には敦成の他にも皇子女が多く存在することをアピールしたうえ、「隆周」というのは、道隆・伊周父子を意識したものであろうし、「康なるかな帝道」のうちの「康」は、敦康の名に通じるものである。これは敦成の誕生を祝う宴において、定子所生の皇子女、特に第一皇子である敦康の存在を皆に再確認させようとした、伊周の必死のパフォーマンスだったのであろう。

　場の雰囲気がすっかり気まずくなっていた時、気配りの人である一条は道長を召して御盃を賜い、道長と和歌の贈答を行なった。『御堂関白記』は、「天皇は私を召されて、御盃を賜わった。おっしゃって云われたことには、」で記事が終わっている。いったい一条は、何と言ったのであろうか、また道長は、何故これを記さなかったのであろうか。

　『権記』には、「左大臣（道長）は、天皇の召しによって近くに伺候《しこう》し、御盃を賜わった。私は、天皇の御製《ぎょせい》及び大臣（道長）の和歌と和《わ》し奉った。唱和《しょうわ》が終わって、天皇は還御《かんぎょ》された」としか記されていない。『小右記』では、「左府《さふ》（道長）は天皇のご意向を承った。そして御製が有った。相府《しょうふ》（道長）は御前に進んで、仰せを承り、伝え書かせた〈左大弁《さだいべん》（行成）〉。相府は御返歌《へんか》を献上した。頗る思う所が有った」と記されている。「思う所」というのは、いったい実資は何を思ったのであろうか。

伊周周辺による呪詛

　そのような雰囲気が影響したのか、翌寛弘六年（一〇〇九）の正月三十日、何者かが彰子と敦成を呪詛していたことが発覚した（『権記』）。一条が含まれていないことが、摂関政治の本質を物語っている。「玉」である天皇まで失なっては、元も子もないからである。『政事要略《せいじょうりやく》』によると、道長も呪詛の対象になっていたようである。

捕えられた伊周の外戚《がいせき》や縁者の勘問《かんもん》日記によると、呪詛は前年の十二月中旬、例の敦成《あつひら》百日の儀の頃から計画され、その理由は、「中宮（彰子）、若宮《わかみや》（敦成）、及び左大臣がいらっしゃると、帥殿《そちどの》（伊周）が無徳《むとく》（台無し）でおられる。世間にこの三箇所がおられないように、厭魅《えんみ》し奉るように」というものであった（『政事要略』）。

外戚や縁者が追捕されて「自白」してしまった以上、ここに伊周の政治生命は、完全に絶たれてしまったことになる。しかし、当の伊周も含め、事件の関与者が皆、翌年までには赦免されていることは、この事件の本質を語っていると言えよう。呪詛自体の事実も、怪しいものである。

なお、この事件によって、特に呪詛に際しては小心な道長は、出仕《しゅつし》を憚るということを言い出している。「我が身の大事の為のものである」ということであったが、二月六日になって、やっと気を取り直したようである（『権記』）。ちなみに、この年の二月には、道長は『御堂関白記』の記事は何も記すことができていない。

この事件は一条にも敦康にも、大きな衝撃だったのであろう。二人とも、二月十八日から病悩している。二十五日には一条の病はかなり重くなり、御手水間《おちょうずのま》にへたり込むという状態となった。四月六日には風病《ふうびょう》（中枢神経系・末梢神経系に属する疾患の総称）も発《おこ》っている（『権記』）。

このような状況にあっても、驚くべきことに、一条は二月に、彰子を再び懐妊させた（『御産部類記』所引『小右記』）。天皇としての恐るべき責任感である。

そのような雰囲気の現われか、五月二十八日、行成は、道長に抱かれていた敦成の面貌を見て、「王骨《おうこつ》（王者の相）が有った」という感想を日記に記している（『権記』）。敦康親王家別当の行成としても、敦成にも心情的に接近していたのである。

六月十九日、彰子は土御門第に退出し、敦成がこれに同行した。同じ日に伊周の朝参《ちょうさん》を許すという宣旨《せんじ》が下っている（『権記』）。平産《へいざん》を期して、というよりも、再びの呪詛を恐れたのであろう。

その後も敦成は、八月十七日に一条院内裏、九月八日に土御門第西対《にしのたい》に移《い》御《ぎょ》し（『御堂関白記』）、道長の手厚い後見《こうけん》を受けているが、すでに彰子の許を離れていた敦康の方は、一条院内裏内の「七間屋（「西室」とも）」に六月二十八日に移御した（『権記』『御堂関白記』）。しかし、彰子御修善に参っていた道長は、「戌《いぬ》時（午後七時から九時）と云うことだ」と『御堂関白記』に伝聞記事として素っ気なく記しているように、それには関与していない。

九月二十四日には、十月十三日に予定されていた敦康の元服を、彰子御産によって延期することを、一条の方から言い出した。翌二十五日には、御産も済んでいるであろう十二月に吉日があれば、その間に行なうべしとの一条の命が伝えられたが（『御堂関白記』）、結局はこの年のうちに敦康の元服の儀が執り行なわれることはなかった。

敦良親王誕生

そして十一月二十五日、彰子は第三皇子敦良《あつなが》を出産した（『御堂関白記』『権記』）。「喜悦が殊《こと》に甚《はなはだ》し」かった道長は、参入した実資に、「今般に至るまで男女を顧ず、ただ平安を祈っていた。ところが平《たいら》かに遂げられた上に、また男子の喜びが有った」と語っている（『御産記《ごさんき》〈小右記〉』）。四年後に三条天皇中宮である二女の妍子が禎子《ていし》内親王を産んだ時の道長の不興《ふきょう》（『小右記』）を考えると、「男女を顧ず」というのは、本心とは思えない。

十一月二十七日には、諸卿が参入して三夜の産養《うぶやしない》の儀が行なわれたが、顕光・公季・伊周は不参《ふさん》であった。その後も二十九日の五夜の儀、十二月二日の七夜の儀、四日の九夜の儀と続いた（『御堂関白記』『権記』『御産記〈小右記〉』）。

珍しくすべてに出席した実資に対し、道長は、「毎夜、参入なされるのは、極めて悦《よろこ》びに思う」という言葉を、たびたび発している（『御産記〈小右記〉』）。道長の方も、「私はまた、大将《たいしょう》（実資）の随身《ずいじん》（下毛野《しもつけのの》）公頼《きんより》に衣を下賜《かし》した。これは夜々参られた悦びによるものである」と記している（『御堂関白記』）。実資としてみれば、これらは道長の行事ではなく、朝廷の行事と考えただけであろうが。

十二月二十六日、彰子は敦成《あつひら》と敦良を伴って枇杷殿《びわどの》内裏に入御した（『御堂関白記』）。同じ二十六日には敦康の御読経も行なわれたのであるが（『権記』）、道長は障《さわ》りを申して、そちらの方には不参であった（『御堂関白記』）。

伊周の薨去

寛弘七年（一〇一〇）の正月十一日、道長は故花山《かざん》院の御匣殿《みくしげどの》から横笛の葉二《はふたつ》を、源経《つね》房《ふさ》から円融系に由来を持つ和琴《わごん》の鈴鹿《すずか》をそれぞれ得た（『御堂関白記』）。これらが新たな累代《るいだい》御物《ぎょぶつ》に加えられたという指摘もある。

正月十五日、皇子敦良の五十日《いか》の儀が行なわれた。十一日に道長が得た葉二と鈴鹿は、この時に一条に献上された（『御堂関白記』）。

皇統のシンボルとされるこの両者が、後世にまで皇統を伝えることになる敦良《あつなが》（後の後朱雀天皇）の五十日の儀において、道長から一条に献上されたというのは、象徴的な出来事であった。これで円融―一条皇統が優位に立つことが確定し、それを担うのが道長であることが示されたのである。『紫式部日記』が横笛の献上で叙述を終えているのも、これを一つの区切りと考えたためであろう。

なお、『紫式部日記』ではこの儀を、「二の宮の御五十日」と称している。彰子や道長の周辺では、敦康を勘定に入れずに、敦良のことを敦成《あつひら》に続く「二の宮」と呼んでいたのであろうか。

このような祝賀の雰囲気に包まれていた正月二十八日、伊周が薨去した（『日本紀略』『権記』『小記目録』）。『御堂関白記』には、これに関する記事は見られない。二月二十日に迫った二女の妍子と東宮居貞親王との婚儀を目前に、過去の政敵のことなど構っていられなかったのであろう。『権記』にも、「前大宰帥《さきのだざいのそち》正二位《しょうにい》藤原朝臣伊周が薨去した〈三十七歳。〉」という記事しかないのは、あたかも宮廷を挙げて伊周のことを忘れたがっているかのようである（しかも薨去の記事は、『権記』では二十九日、『小記目録』では三十日になって、やっと記録されている）。

妍子の東宮居貞親王への入侍

　そして二月二十日、道長は妍子を居貞の妃《ひ》とした（『御堂関白記』『権記』）。兼家《かねいえ》や道隆《みちたか》にならい、円融・冷泉の両皇統に自己の外孫を擁することを期したものである。また、この年には、道長が居貞の許を頻繁に訪れるようになっている。一条退位後の後院《ごいん》（譲位後の御所）となる一条院の造作に積極的であったことと併せ、道長の政治日程には、すでに一条の譲位と居貞の即位、そして何より敦成の立太子が組み込まれていたのであろう。

　十一月二十八日、一条と彰子は新造一条院内裏に還御した（『御堂関白記』、『遷幸部類《せんこうぶるい》記《き》』所引『野記《やき》〈小右記〉』、『権記』）。ここが半年後に一条の終焉の場となろうとは、誰一人予想した者はいなかったであろう。その際、遷御《せんぎょ》に伴う叙位が行なわれたが、「頼通《よりみち》を正二位に叙す」という一条の仰せに対し、頼通は、「父（道長）と同じ位階《いかい》を賜わる事は、恐れが有ります」と答え、これを固辞した。うるわしい父子の情と見るべきであるが、居合わせた者たちは、「これは大納言に昇るという謀略か」と語り合ったという（『遷幸部類記』所引『野記〈小右記〉』）。いつに変わらぬ役人社会である。

敦康と脩子《しゅうし》内親王は、遅れて十二月十一日に一条院内裏に参入したが、道長は「私は八《はっ》省院《しょういん》（朝堂院《ちょうどういん》）に着したところ、心地《ここち》が宜《よろ》しくなかったので、自らは宮々の参入に合わせて内裏に参ることはなかった」と、それに関与することはなかった（『御堂関白記』）。

再びの金峯山詣をあきらめる

寛弘八年（一〇一一）は一条にとっては最後の年となった。彰子から皇子を儲けるまでは退位もできず、敦成《あつひら》が生まれてからも、敦康か敦成か、自己の後継者選定を行なえないまま、ずるずると二十五年にも及ぶ治世を続けてきた一条であったが、ついにこの年で終焉を迎えることになったのである。

正月二十二日、道長は「犬の死穢《しえ》」を称し、除目に不参するという意向を申してきた。二月一日、どうしても参内しようとしない道長に対して、一条は受領《ずりょう》の任官について書状を送り、道長から「悉《ことごと》く道理《どうり》のとおりであって、難点は無い」との返事を得ている。ところが、翌二日になってみると、京官《きょうかん》の任官が道長の意と相違しており、「宜しくない事が有った。これは事前に聞いていないものであって、思いがけない事である」と道長の不興を買っている（『御堂関白記』）。

道長は左大史《さだいし》（太政官《だいじようかん》の四等官の最下位である史《し》の最上位。文書《もんじよ》を掌る）に但波奉親《たんばのともちか》を任じるつもりであったのが、一条はこれを任命することがなかったのである。実資は、「左府の雅意《がい》に叶わなかった。左府にはきっと不快の気持が有るのではないか」と記している。もっとも、この奉親という人物は、「天下に虚言《きよげん》第一で、大夫史《たいふのし》に加えられれば、あれこれの事が官底《かんてい》に満ち、讒言《ざんげん》は日を逐って雲のようになるのではないか」という者で（『小右記』）、一条としても公卿社会の世論に従っただけのことだったのであろう。この任官をめぐっては、年末にもう一騒ぎ起こることになる。

また、二月十五日には、頼通の春日詣《かすがもうで》に際し、道長の命で殿上人《てんじようびと》や地下人《じげにん》のほとんどが付き従ってしまい、一条の陪膳《ばいぜん》（天皇に食膳を供すること）に奉仕する者がいなくなってしまった（『小右記』）。「殿上の男たちは、皆、春日に参ったのか」、「明日もまた、陪膳は伺候していないのか」という一条の言葉は、悲惨にさえ響く。これは道長にも向けられたものであろう。

実は道長はこの頃、正月八日から再び金峯山詣《きんぷせんもうで》のための長斎《ちようさい》を始めていた（『御堂関白記』）。寛弘四年の金峯山詣に彰子の懐妊祈願という意味が含まれていたとするならば、この時にはいったい何を祈願しようとしていたのであろうか。彰子からの皇子誕生の報賽《かえりもうし》だけと考えるよりも、それに続く敦成《あつひら》の立太子（それは一条の譲位を意味する）や、妍子からの皇子誕生も祈願しようとしていたのかもしれない。

この金峯山詣は、三月二日に道長の長斎処である枇杷殿に犬の産穢《さんえ》があり、三日には犬の死穢も起こってしまった（生まれた犬の子が母犬に喰われてしまったらしい）。六日にそれを解除《げじょ》しようとしたところ、車副《くるまぞい》の男が鼻血を流し、牛綱を棄てて逃げ去ってしまった。それでも解除を行なっていたところ、風が陰陽師の指す祓《はらえ》のための御麻《ぬさ》を切り、烏が祓所に集まってきた。結局、この金峯山詣は中止ということになった（『小右記』）。道長の大願成就に対する人々の様々な思いが、様々な形で襲いかかってきたのであろう。

金峯山詣をあきらめた道長は、三月二十七日に仏像と経を供養した。招請《しょうせい》した五十口《く》ほどの僧は、土御門第の中に住んでいる僧と、南都《なんと》北嶺《ほくれい》（奈良と延暦寺《えんりゃくじ》）の名僧であった（『御堂関白記』『小右記』）。土御門第の中には多くの僧が住んでいたのである。

道長が、「これはただ、後生《ごしょう》のためである」と記しているように、この法会《ほうえ》は来世の極《ごく》楽往生《らくおうじょう》を思うが故のものであった。ところが大江匡衡《おおえのまさひら》に作らせた願文《がんもん》は道長の本意《ほい》とは違って、多く現世の安穏《あんのん》について述べていたので、道長は改め直させた（『御堂関白記』）。最初の願文は、「死について避けていた」ものだったのである（『権記』）。

その様子を見た講師《こうじ》の院源《いんげん》は、死に言及することを避けず、人が聴くのを憚らず表白《ひょうびゃく》したので、道長は感嘆に堪えずに落涙を抑え難く、集会《しゅえ》していた衆人《しゅうじん》は一心に聴聞《ちょうもん》したという（『権記』）。道長は、「表白は、私の本意のとおりに極楽往生を講じたものであった。衆人が感動したことは、比類が無かった」と記している（『御堂関白記』）。

一条天皇の譲位を画策し、敦成立太子を強行する

一条は五月二十二日、彰子御在所に渡御《とぎょ》したが（『権記』）、ちょうどその日、病に倒れた（『日本紀略』『御堂関白記』『権記』）。道長はこれを奇貨とし、早くも二十五日には大江匡衡に譲位に関わる易筮《えきぜい》（筮竹《ぜいちく》を用いる易占い）を行なわせた（『御堂関白記』）。

ところが、道長は大変な失態を犯してしまった。譲位どころか天皇崩御《ほうぎょ》の卦《け》が出たという占文《うらぶみ》を見た道長は一条の崩御を覚悟し、清涼殿《せいりょうでん》二間《ふたま》（一条院内裏北対《きたのたい》の南廂《みなみびさし》）において一条の護持僧《ごじそう》である慶円《きょうえん》と共に泣涕《きゅうてい》してしまったのである。隣の清涼殿夜御殿《よるのおとど》（北対の母《も》屋《や》）にいた一条は、御《み》几帳《きちょう》の帷《とばり》の継ぎ目からこれを見てしまい、自分の病状や道長による譲位の策動を知って、いよいよ病を重くしてしまった（『権記』）。

一条は、おそらくは第一皇子の敦康をまず立太子させ、冷泉系の三条皇子敦明《あつあきら》を挟んで

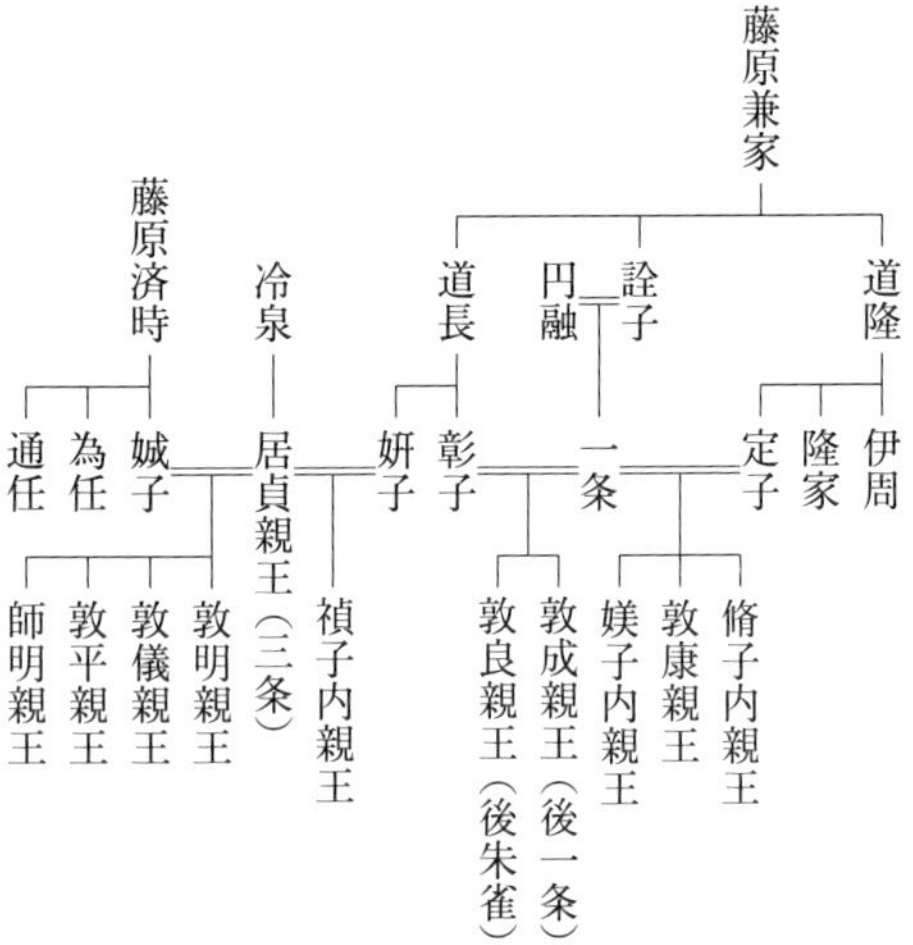

図3　一条天皇と居貞親王（三条天皇）の皇子女

敦成《あつひら》や敦良《あつなが》の立太子を望んでいたはずである。いまだ若年で、敦康を後見していた彰子（当時二十四歳）や頼通（二十歳）は、間に敦康を挟んだとしても、敦成の即位を待つ余裕があった。しかし、すでに四十六歳に達していた道長としては、この時点で敦成を立太子させられないとなると、居貞―敦康―敦明の次までは、とても待てなかったであろう（図3参照）。

　ただし、敦成の立太子には、かなりの困難が予想された。言うまでもなく、定子所生の敦康の存在があったからである。平安時代までに皇后《こうごう》もしくは中宮が産んだ第一皇子で立太子できなかったのは、一条皇子の敦康と白河《しらかわ》皇子の敦文《あつふみ》の二人だけであるが、敦文は四歳で早世したものであって、これを除くと、古代を通じて例外は敦康のみとなり、敦康以前には、ただの一例も存在しなかったことになる。

道長は五月二十六日に、一条には知らせないまま、譲位を発議した。よほど一条の譲位と敦成の立太子に向けて焦っていたのであろう。翌二十七日の朝、譲位のことがようやく一条に達せられた（『権記』）。一条は居貞に即位を要請するための対面を仲介するよう道長に命じているが、道長は「これは御譲位に関する事であろうか」などと白ばくれている（『御堂関白記』）。そしてこの後、一条は側近の行成を召し、敦康の立太子について最後の諮問を行なったのである（『権記』）。

一条は、行成が敦康の立太子を支持してくれることを期待していたであろうが、行成は一条に同情しながらも、敦成立太子を進言した（行成は道長の側近でもあったのである）。

行成の並べた理屈というのは、第一に、皇統を嗣ぐのは、皇子が正嫡であるか否かや天皇の寵愛に基づくのではなく、外戚が朝廷の重臣《じゅうしん》かどうかによるのであり、今、道長が「重臣外戚」であるので、「外孫第二皇子」（敦成）を皇太子とすべきである。第二に、皇位というものは神の思し召しによるものであって、人間の力の及ぶところではない。第三に、定子の外戚である高階《たかしな》氏は、「斎宮《さいぐう》の事」の後胤であるから、その血を引く敦康が天皇となれば神の怖れがあり、大神宮《だいじんぐう》に祈り謝らなければならない。第四に、帝に敦康を憐れむ気持ちがあるのならば、年官年爵《ねんかんねんしゃく》（官職と位階の推薦権。給主は任料・叙料を得る）や年給《ねんきゅう》を賜い、家令《かれい》でも置けばよろしかろうというものであった（『権記』）。

これらのうち、「斎宮の事」というのは、在原業平《ありわらのなりひら》が伊勢斎宮《いせのさいぐう》の恬子《てんし》内親王に密通し、生まれた師尚《もろひさ》が高階氏の養子となったことを指すのであるが、もちろん事実かどうかは不明である。なお、伏見宮本『権記』を調査したところ、「斎宮の事」に関する部分だけが、すべて行間補書であり、この部分が後世に追記された可能性もある。

行成が一条の御前に参る前には、台盤所《だいばんどころ》（一条院内裏北対の北廂《きたびさし》）のあたりで女官《にょうかん》たちの悲泣の声がした。驚いて問うと、「御病悩は特に重いわけではありませんのに、急に時代の変が有ることになってしまいました」ということであった（『権記』）。一条の病状や道長の譲位工作についての一条周辺の認識を示している。

また、敦康立太子について行成に諮問していた際にも、一条が「仰せの際には、忍び難い（我慢できない）事が有った」という記述もある（『権記』）。道長による譲位工作に対する思いが含まれていたであろうことは、想像に難くない。

さらには、「『后宮《きさいのみや》（彰子）は、丞相を怨み奉られた』と云うことだ」とあるように、直接的な怒りを表わしたのが、他ならぬ彰子であった（『権記』）。敦康に同情し、一条の意を汲んでいた彰子は、その意思が道長に無視されたことを怨んだのである。
しかも、道長は一条との交渉を彰子には秘し、彰子の上直廬《うえのじきろ》（一条院内裏北対の東廂《ひがしびさし》）を素通りしたと記されている。行成は、「この間の事は甚だ多かったけれども、子細を記すことができないだけである」と、この日の記事を締めくくっている（『権記』）。

三条天皇の践祚

一条は六月二日に東宮居貞と対面し、即位について要請した。敦康の処遇についても提案しようとしたが、居貞が早く退出してしまったので、それができなかった。一条の意を承《う》けた道長が居貞の許に赴くと、居貞は、一条の仰せがなくとも敦康に奉仕するつもりであったと答えている（『御堂関白記』）。気の毒な敦康の処遇については、居貞もすでに考えていたのである。自分の子である敦明の将来に、即位できない敦康の姿を重ね合わせていたのかもしれない。

そして六月十三日、「旧主《きゅうしゅ》（一条上皇《じょうこう》）の御悩は、危急《ききゅう》であった」という状況のなか、譲国《じょうこく》（東宮に皇位を譲ること）の儀が行なわれ、居貞は践祚《せんそ》（剣璽《けんじ》渡《と》御《ぎょ》の儀を行ない、皇位を継承すること）して三条天皇となった（『権記』『御堂関白記』）。そして東宮には彰子所生の敦成《あつひら》が立った。この後、道長はこの外孫の即位を心待ちにしながら、妍子からの三条皇子の誕生を期すことになる。

　妍子が三条の皇子を産めば、敦明以下の娍子《せいし》所生皇子を排して、敦成の後にその皇子を立太子させ、両統迭立《てつりつ》を継続させることになるし、妍子から皇子誕生がなければ、冷泉皇統を終わらせたうえで一条皇統を確立し、敦成の後に敦良《あつなが》を立てるという、両睨《にら》みの皇位継承構想を持っていたものと思われる（この時点で、敦康の存在は、すでに考慮に入れていなかったであろう）。

　なお、この儀において『御堂関白記』が一条のことを「久主《きゆうしゆ》」と記しているのは、「久しき主」と思ってのことではなく、単なる当て字であろう。

一条院崩御

　六月十四日、一条の御前に伺候していた道長が三条の許に参ろうとしたところ、一条が道長が自分の側を離れることを心細く思ったので、道長は参内を中止した。すると一条は、「悦《うれ》しく思われているご様子が有った」という。そして夕刻、一条は道長に出家の意志を示した（『御堂関白記』）。極楽に往生するための、いわゆる臨終出家《りんじゆうしゆつけ》である。

翌六月十五日も、御悩は重かった。『御堂関白記』には、「御病悩は重かった。時に太波《たわ》事《ごと》を仰せられた」とある。「太波事（うわ言）」とは、あるいは道長が日記に記すことのできない内容、たとえば敦康や定子、はたまた伊周に関することだったのであろうか。

六月十九日に、一条は出家を遂げた。急な出家だったので法服《ほうふく》が間に合わず、あり合わせのものを着るしかなかった（『御堂関白記』）。また、一条の髪を剃った高僧たちが事情に疎く、まず髪を剃り、次いで鬚《ひげ》を剃ってしまったため、髪だけ剃って鬚が遺っていた時の人相が、外道《げどう》（人に災厄をもたらす悪魔）に似ていたという（『権記』）。

そして六月二十一日、ついに「御病悩は頼りが無かった」という状況に陥った。召しによって近く伺候した行成が漿水《しょうすい》（飲み水、おもゆなど）を供すると、一条は「最も嬉しい」と答えた。一条は行成をさらに側近く召し寄せ、「私は生きているのか」と語っている（『権記』）。これが一条の最後の言葉となった。

その後、一条は身を起こし、彰子も側に伺候するなか、辞世の御製を詠み、再び臥すと不覚《ふかく》（人事《じんじ》不《ふ》省《せい》）となった。聞く人は皆、「流泣すること、雨のようであった」、「涙を流さない者はなかった」という状態となった。この時の御製は、『御堂関白記』には、

露の身の草の宿りに君を置きて塵を出でぬる事をこそ思へ
（露のようにはかないこの身が、草の宿であるこの世に、あなた〈彰子〉を残し置いて、塵の世を出る事を思う）

と記されているが、日ごろの記述から考えるに、『権記』に記された、

露の身の風の宿りに君を置きて塵を出でぬる事ぞ悲しき
（露のようにはかないこの身が、風の宿であるこの世に、あなた〈彰子〉を残し置いて、塵の世を出てしまうのは悲しいことよ）

の方が元の形に近いのであろう（道長の方が一条の近くにいたのではあるが）。さて、行成はこの歌を、「その御志は、皇后に寄せたものである。ただし、はっきりとその意味を知ることは難しい」と、定子に対して詠んだものと解している（『権記』）。

歌意からは、「この世に君を置いて俗世を出ていくことが悲しい」というのであるから、「君」はまだ生きていて、しかもこの歌を聞いている彰子のこととしか考えられない。し

かし、行成は日記の中で「中宮」彰子と「皇后」定子を使い分けており、一条が辞世を詠んだ対手を定子と認識しているのである。かつて彰子を中宮とした、つまり定子を皇后とした際に決定的な役割を果たした行成であればこそ、その思いは複雑だったのであろう。

翌六月二十二日、一条は一条院中殿《ちゅうでん》（清涼殿。一条院内裏の北対）において、「時々また、念仏を唱えられた」という状態で、死の時を迎えた。辰《たつ》剋（午前七時から九時）に臨終の気配があり、しばらくすると蘇生したものの、数時間後の午《うま》剋（午前十一時から午後一時）、ついに崩御したのである（『権記』）。三十二歳であった。

行成は、「心中、秘かに阿弥陀仏《あみだぶつ》が極楽に廻向《えこう》し奉ることを念じ奉った」という気持ちで床下《しょうか》近く伺候していたが（『権記』）、『御堂関白記』は、「巳《み》剋に、一条院は崩《ほう》じなされた」と、素っ気ない記述しかしていない（「崩」を「萌」と書き誤ってもいる）。しかも、道長は、側近くに伺候したいと希望する者が多かったにもかかわらず、「朝廷の行事が有る」ということで、多くを殿から降ろし、臨終に伺候させなかったのである（『御堂関白記』）。死亡時刻《じこく》を巳剋（午前九時から十一時）と記しているのも、道長自身も最初の臨終の際以降は一条から離れていたためであろう。官人たちが死穢に触れるのを避けるためであろうが、新時代に立ち向かおうとする道長の面目躍如といったところであろうか。

一条天皇の遺志を忘れる

一条の葬送は七月八日に行なわれ、北山の巌陰《いわかげ》で荼毘《だび》に付された。公卿たちは素服《そふく》（無地の喪服）を縫ってこれを着し、葬送に奉仕したが、道長・斉信《ただのぶ》・隆家は素服を着さなかった。その理由は、「朝廷の公事《くじ》（政務や儀式）」があるというものであった（『権記』）。

七月九日に火葬が終わると、一条の遺骨は、東山の円成寺《えんじょうじ》に仮安置された（『権記』）。その頃、道長は葬送についての一条の生前の意向を思い出したが、それは、「（定子と同じく）土葬して円融院法皇御陵の側に置いて欲しい」というものであった。「故院《こいん》（一条院）が御存生《ぞんじょう》の時におっしゃられたところである。何日か、まったく覚えていなかった。ただ今、思い出したのである。ところが、きっと益の無い事で、すでに決まってしまったのである」というのが、道長が行成に語った言葉である（『権記』）。火葬にしてしまったものはもう仕方がないということなのであろうが、道長の一条に対する関わり方、そしてその死生観を最後に象徴したものである。

七月十二日には、斉信と隆家も、一条が生前に道長と彰子、そして近習《きんじゅう》の人々に葬送についての意向を語っていたことを実資に伝えた。「ところが忘却して、その事を行なわなかった。相府は思い出して、また嘆息《たんそく》した」というのが、道長の様子である（『小右記』）。

七月二十日、円成寺に納骨所を造って遺骨が納められ、三年後に「御本意処《ほんいしょ》」である北山の円融陵の辺りに移すと定められた（『小右記』『権記』『御堂関白記』）。現竜安寺《りょうあんじ》の裏の朱山《しゅやま》のことであろう（実際に移されたのは九年後の寛仁四年〈一〇二〇〉のこと）。

東三条第《ひがしさんじょうてい》内裏に還った後、道長は葬送についての一条の意向を公卿や僧に披露した。「円融院法皇の御陵の辺りに収め奉るように」というものである（『権記』）。土葬云々については皆に語っていないのは、やはり後ろめたいところがあったからであろう。それとも、また忘れてしまったのであろうか。

実は道長は、一条のことにかまっている暇はなかった。『小右記』の七月二十五日条に、「昨日の夕方、左相国《さしょうこく》（道長）は内裏に参り、雑事《ぞうじ》を奏聞した。主上《しゅじょう》（三条）は響応《きょうおう》する気配は無かった。妥協されることはなかった」という記事がある。後に表面化する道長の関白就任に関わる折衝であろうと思われる。

この頃、「寛弘の四納言」と称されることとなる一条朝の代表的な公卿である斉信と俊《とし》賢《かた》が毎日、道長の直廬《じきろ》で尊卑の者を讒言《ざんげん》し（悪口を言ったということか）、俊賢などは三条の「顧問の臣」となりたいという書状を奏聞したりして、三条を不快にさせているなど

『小右記』)、二十五年ぶりの新時代の到来によって、公卿社会が動揺している様が窺える。
そして八月十一日、すでに寛弘三年に新造されていた内裏への遷御が行なわれた(『小右記』『御堂関白記』『権記』)。一条の四十九日正日《しょうにち》に当たるこの日に行なわれた遷幸《せんこう》には、道長をはじめ公卿層は反対で、道長が付き従うこともなかった。実資は、「思うところが有るのであろうか」と記している(『小右記』)。

また、行幸叙位をめぐって、道長と三条との間の意見の齟齬《そご》が表面化した。叙位を行なうとの三条の意向に対し、道長は、叙位の対象が自分の子供や家司《けいし》になることから、叙位の実施に難色を示した。ところが三条は、「これまでの事は、私の与《あずか》り知るところではない」ということで、叙位を強行した(『御堂関白記』『小右記』)。基本的に道長の意志を尊重してきた一条に比べて、新時代の三条の政治意思の発現は、道長や公卿層にも戸惑いを覚えさせたことであろう(「これまでの事」が一条の施政を指すことは、言うまでもない)。

この八月十一日、道長は二条第《にじょうてい》を敦康に献上した。翌十二日に行成に語った道長の見解というのは、「二条第を一宮《いちのみや》(敦康)に献上した事については、人々は、必ずしもそんなことはしなくてもよいのではないかということを云っている。ところが、先院《せんいん》(一条)の御代に、厚く御恩顧《おんこ》を受け、入手した家が、すでに何箇所も有る。宮(敦康)は未だ家を設けておられない。極めて都合の悪い事である。そこで献上したものである」というものであった（『権記』）。しかし、隆家が実資に語ったところでは、これは一条院を東宮御領にするための謀略であるという（『小右記』）。あるいは道長には、一条院は一条皇統嫡流の後院といった認識があったのであろうか。

関白就任をめぐる三条天皇との綱引き

この間ずっと、三条と道長との間では、道長の関白就任について、折衝が繰り返されていた。結局、道長は、「今年は重く慎しむべきである」という理由で、これを拒否し続けたのであるが（『御堂関白記』）、慎しみが明けた翌年以降にも関白には就いていないのであるから、これは自分の政治意思という他はない。

これは道長を関白として優遇したい（もしくは、取り込みたい）三条と、あくまで左大臣兼内覧として太政官をも把握したいという道長との間の、政治抗争の観を呈している。天皇大権を代行できる摂政とは違って、関白となると単なる文書の内覧役となり、通常は公卿議定《ぎじょう》である陣定《じんのさだめ》から離れなければならないのである。

結局、このやりとりは三条が妥協し、八月二十三日に道長に内覧宣旨を下すことで決着したのであるが、同日、三条は妍子と娍子に女御《にょうご》宣旨を下した（『御堂関白記』『小右記』『権記』）。すでに尚侍《ないしのかみ》（後宮の内侍司《ないしのつかさ》の長官。この頃は后妃に准じる地位）に任じられて従《じゅ》二位《にい》という高位を帯している妍子はともかく、長徳元年に薨じた大納言済時《なりとき》を父に持つだけの無位《むい》の娍子も女御の地位に上げるというのは、三条の強い意志が感じられる。

九月五日には東宮敦成《あつひら》の坊官除目《ぼうかんじもく》（春宮坊《とうぐうぼう》の官人を任じる除目）が予定されていたが、二日、実資は、五日は重日《じゅうにち》の忌み（暦道《れきどう》で巳《み》の日と亥《い》の日には諸事を避けるとされた忌み）があるということを、密々に女房を介して三条に奏上させた。その結果、四日に除目の延期が決定し、三条から実資に悦びの仰せが伝えられた。何故に実資がこのような密奏《みっそう》を行なったかというと、「しかるべきことを密々に奏上せよ」という仰せが、あらかじめ三条から実資に伝えられていたからであった（『小右記』）。

実資をブレインとして取り込みたいという三条の思惑であろうが、このような秘密の行動は、宮廷社会にはすぐに知れわたるものである。その報を耳にしたときの道長や公卿たちの気持ちを考えると、あまりほめられた政治姿勢とは考えられない。

十月十日、三条は累代《るいだい》の壺切御釼《つぼきりのみはかし》（立太子に際して相伝される宝剣）を敦成に授け、また東宮の印も渡された（『御堂関白記』）。道長はこれを皇太子位の象徴として敦成の手元に置き、後年、三条第一皇子の敦明が立太子した際にも、手放そうとはしなかったのである（後に敦明が東宮位から退き、敦良《あつなが》が立太子した段階で、敦良に授けている）。

そして十月十六日、大極殿《だいごくでん》において即位式が行なわれた（『御堂関白記』『権記』『日本紀略』）。この即位式と大嘗会《だいじょうえ》における儀典《ぎてん》の確立をめぐる公卿たちのやりとり（『権記』）が、後の儀式の確立に大きく寄与したように思えてならない。

道長はそれに積極的に関わっていた。将来、自分が摂政として儀式を統括しなければならない時に備えていたのであろうか。たとえば大嘗会御禊《ごけい》の際に使う内器仗《ないきじょう》というものが誰にもわからず、その実態が議論されていた時、十月三日に道長は、「主器仗《しゅきじょう》は、承平《じょうへい》以後、無いものである。ただ、長年の例によって、揃っていなくても、何事が有るであろう」という裁断を下している（『権記』）。

また、十月十日には即位式の際に威儀《いぎ》を整える親王が習礼《しゅうらい》（儀式の行なわれる前に礼式を予行すること）していた時、道長は、「居る所、あるいは立つべき所から少し筋交《すじかい》（斜め）に進むと都合がいい」と指摘した。行成は、はじめは不審に思っていたのであるが、その場所に臨んでその儀を見ると、道長の言ったとおりであった（『権記』）。

即位式の当日にも、内弁《ないべん》（承明門《しょうめいもん》内において諸事を取りしきる大臣）を勤めた顕光が遅参したので、式文《しきぶみ》と違うのだが、定刻を守らせるために、道長は内弁の到着を待たずに三条を高御座《たかみくら》に登らせた。道長は、「このような事は式文にあるとはいっても、時に随った儀は、株《くいぜ》を守る（融通のきかないこと）のはよくないものである。壇に登られた事は、あの機会は良い時機であった。内弁の懈怠《けたい》（なまけ、おこたること）が有ったことによって、どうして大儀の時刻に違うことができようか」と回顧している。「丞相の器量は、すでに朝廷の威儀《いぎ》を助けている。優なるものである」というのが、これを聞いた行成の評である（『権記』）。

ところが、そのような晴れがましい雰囲気も束の間、三条の父である冷泉院の病悩が重くなり、十月二十四日、ついに崩御した（『御堂関白記』『権記』『日本紀略』）。「必要な事を命じておいて、深夜、退出した」というのが、道長の対応である（『御堂関白記』）。

その葬送は十一月十六日に行なわれたのであるが、前日の十五日、三条は特に道長に、翌日の葬送に付き従うことなく、自分の許に伺候するよう命じている。当日、道長は、「自分の本意《ほい》としては御葬送の御供に供奉すべきであったが、天皇の仰せが有ったので参らなかった」などと言いながら、内裏に伺候した（『御堂関白記』）。

十二月十七日から始まった除目では、三条が蔵人頭《くろうどのとう》に抜擢したばかりの娍子《せいし》の異母弟である通任《みちとう》を一挙に参議《さんぎ》に上らせ、その後任として道長の三男である顕信《あきのぶ》を蔵人頭に補すことを、しきりに道長に指示したが、道長はそれを固辞した。「不覚（愚か）の者（通任）の替わりに、不足《ふそく》の職の者（顕信）を補される。きっと非難されることが有るであろう」というのが、道長が行成に語った背景である（『権記』）。道長の子息を側近として取り込みたい三条と、それを拒絶する道長との間の意見の齟齬が表面化したことになる。

この除目では、正月に問題となった大夫史の任命について、議論となった。十二月十八日、道長は、行成が但波奉親を推挙してくれることを望んでいたが、行成はそれを行なわなかった。道長は行成を叱責し、遂に奉親を任じた。行成は、自分が推挙を避けたというのは事実ではない責めであり、ただ、その職に相応《ふさわ》しい人がいないということを申しただけであると日記に記したうえで、奉親を任じたのは、「これは左府の本意であった」と書き付けている（『権記』）。

しかし、道長はこのような行成の心情を斟酌することはなかった。十二月二十一日に行成を召すと、「古今の雑事をおっしゃられたことは、甚だ多かった」ということで（『権記』）、もう除目については忘れているかのようであったのである。

第五章　三条天皇との確執

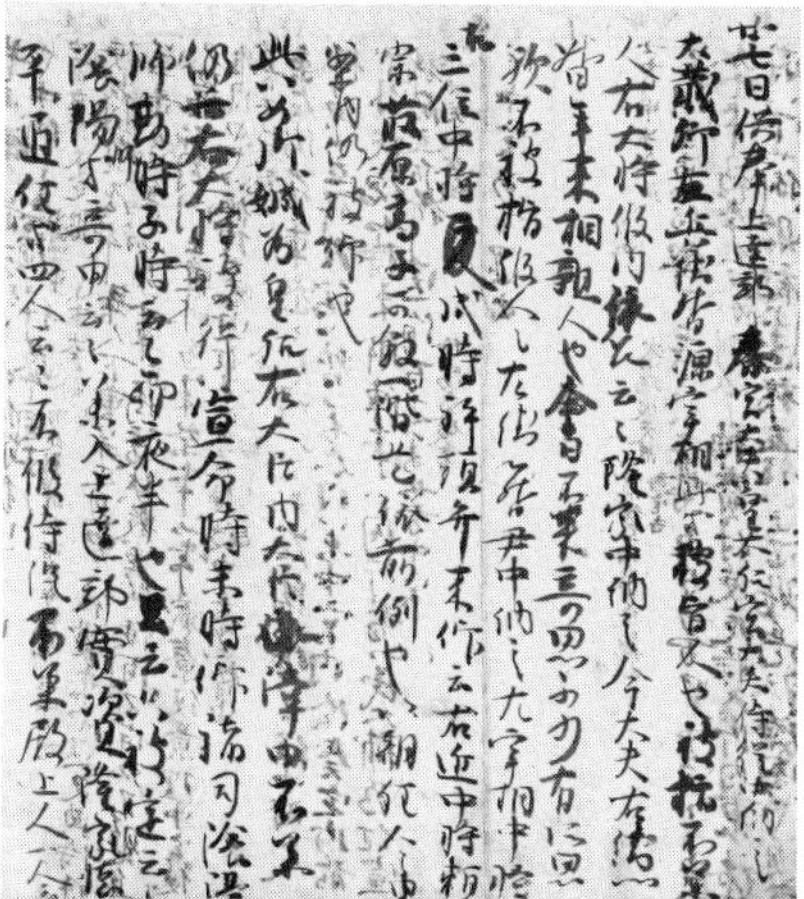

『御堂関白記』長和元年（1012）四月二十七日条裏書（自筆本、陽明文庫蔵）。道長の意に反して行なわれた娍子立后の儀に参入した四人の公卿の名を「実資・隆家・懐平・通任」（12、13 行目）と書き留めている

三条《さんじょう》天皇との辛い日々が本格的に始まった。この数年間は道長《みちなが》にとって、生涯で最も辛い時期であったことであろうし、大方の貴族たちにとっても同様だったはずである。

長和《ちょうわ》元年（一〇一二）正月に、妍子《けんし》を立后《りつごう》せよとの三条の命が道長にもたらされ、二月に妍子は中宮《ちゅうぐう》に立后した。ところが三月に入ると、今度は三条は、娍子《せいし》を皇后《こうごう》に立てるという意向を示した。それに対し道長は、娍子立后の儀が行なわれる四月二十七日に妍子の内裏《だいり》参入をかち合わせた。

後見《こうけん》のいない娍子の立后というのは、宮廷社会の常識を逸脱したものであったが、これによって三条と道長の関係は決定的に悪化した。ただし、十月には妍子が懐妊し、両者の関係が元に戻る最後のチャンスとなった。

長和二年七月、妍子は御産を迎えたが、生まれたのは皇女《こうじょ》であった。後に禎子《ていし》と名付けられ、後朱雀《ごすざく》天皇（敦良《あつなが》親王）の中宮として尊仁《たかひと》親王（後の後三条《ごさんじょう》天皇）を産んだ皇女である。女子が生まれたということで、道長は露骨に怒りを表わしたという。

長和三年には、内裏焼亡の心労から眼病《がんびょう》を患《わずら》った三条に対し、道長が退位を要求した。翌長和四年には、道長による三条の退位工作が激しくなり、それに対抗する三条の闘いが繰り広げられた。三条は眼病平癒《へいゆ》祈願のための伊勢《いせ》勅使発遣《ちょくしはつけん》と、道長の枇杷殿《びわどの》からの内裏還御《かんぎょ》を希望したが、道長の意を汲む官人たちは、なかなかそれらに応じようとはしなかった。

十月、道長に准摂政宣旨《じゅんせっしょうせんじ》が下り、十一月、ついに三条は道長に明年正月の敦成《あつひら》への譲位を語った。道長の世が到来することになったのである。

三条天皇のとんでもない提案

長和元年（一〇一二）が明けた早々の正月三日、妍子を立后せよとの三条の宣旨が、道長にもたらされた（『御《み》堂関白記《どうかんぱくき》』）。三条としても、妍子から皇子《おうじ》を儲けて、それを道長に後見してもらうという皇位継承プランも考えていたのであろう。

その喜びも束の間の正月十六日、源明子所生の道長三男である十九歳の顕信《あきのぶ》が、突然行願寺《ぎょうがんじ》に到り、皮聖《かわひじり》（行円《ぎょうえん》）によって剃髪し、比叡山の無動寺《むどうじ》に入って出家するという事件が起こった。道長は「本意《ほい》が有って行なったものであろう。今さら云っても益の無いことである」などと言って冷静に対処しているが、心神不覚《しんしんふかく》となった明子に接すると、自らも不覚となっている（『御堂関白記』）。

顕信の出家の背景としては、前年暮れの蔵人頭《くろうどのとう》就任をめぐる道長の対応が引き金となったことは、間違いのないところであろう。政治的に不遇な明子腹の顕信にとってみれば、やっとのことで出世の展望が開きかけた矢先に、父の道長によって、その道が閉ざされてしまったとでも思ったに違いない。

それはさておき、二月十四日、妍子立后の日を迎えた。我が女《むすめ》二人を中宮《ちゅうぐう》に立てた道長の感慨は、想像に余りある（『御堂関白記』）。

ところが三月に入ると、三条は娍子について、道長にとんでもない提案を行なった。何と娍子を皇后に立てて、一帝二后《いっていにこう》を再び現出させようというのである。かつて一条《いちじょう》天皇の後宮《こうきゅう》における場合には、致し方ない面もあった。定子《ていし》も彰子《しょうし》も、共に時の執政者の女であり、彰子入内《じゅだい》の時点では、定子はすでに出家していたのである。

ところが今回の場合は、いくら三条個人の寵愛が六人の皇子女を産んでいる娍子にあったにせよ、すでに十七年前に薨去《こうきょ》している大納言《だいなごん》の女に過ぎず、後見も参議《さんぎ》に上ったばかりの異母弟の通任《みちとう》しかいない娍子を立后させるというのは、あまりに無理がある。平安時代に大臣の女以外が立后したのは、嵯峨《さが》天皇皇后の橘嘉智子《たちばなのかちこ》しか存在しないのである。

だいたい、天皇の方から一帝二后を言い出すなどとは、かつての一条の苦悩を思い併せると、信じられない話である。

大胆な対抗策

道長としても、すぐに手を打たなければならない。四月九日に、娍子立后の日と決まっている二十七日に妍子を東三条第《ひがしさんじょうてい》から娍子と入れ替わりに内裏《だいり》に参入させることを決定した。「時刻《じこく》が前後していれば何事もないでしょう」というのが、源俊賢《としかた》が道長に教唆した手であった（『小右記《しょうゆうき》』）。しかし、妍子の内裏参入の前後に延々と饗宴《きょうえん》が続き、娍子立后の儀式に参列する公卿《くぎょう》が少なくなるであろうことは、誰しも予測できたところであろう。そもそも、二十七日以前に妍子を参入させても、何ら差し支えはなかったのである。

翌四月十日には、道長の土御門第《つちみかどてい》から明るい人魂《ひとだま》が出て南東の山辺に落ちたのが、多くの人によって目撃されている。実資《さねすけ》も落ちた所を見たと記している（『小右記』）。宮廷社会の不穏な雰囲気が、このような怪異出現の噂を広めさせたものと思われる。

道長の取った措置には、三条も我慢がならなかったのであろう、「左大臣《さだいじん》（道長）は、私に対して礼を欠くことは、最も甚しい。この一、二日は、寝食も通例のように摂れない」という言葉が、四月十六日に実資に伝えられた（『小右記』）。

そしてその次に三条が伝えさせた言葉というのは、「右大将《うだいしょう》（実資）は、私の方人《かたひと》（味方）であると言うべきである。しかるべき人を御前に召して雑事《ぞうじ》を相談することに、また何の不都合が有るだろうか」というものである（『小右記』）。もっとも、実資としても、道長との関係を悪化させている三条から頼りにされても、迷惑なところだったであろう。

これまで三条と道長との関係は、多少の意見の齟齬《そご》はあったにせよ、決定的な衝突にまでは至っていなかった。三条の方から言い出した、そして公卿社会の常識を逸脱した娍子立后こそが、二人の関係を決定的に悪化させる引き金となったのである。そしてこれ以降、両者の関係は元に戻ることはなかった。

娍子立后の儀の惨状

そして四月二十七日、娍子が皇后に立つ儀式と、中宮妍子が内裏に参入する儀式が同日に行なわれる日がやってきた。道長が、天皇の意向が自分の意に沿わない場合に、自分の主宰する行事をかち合わせて、それぞれの出席者を確認するという「政治手法」は、中宮定子に対しても用いてきたものである。

その日、右大臣《うだいじん》顕光《あきみつ》は「所労《しょろう》」（病悩《びょうのう》）を、内大臣公季《ないだいじんきんすえ》は「物忌《ものいみ》」を、それぞれ申して立后の儀に参入してこない。そこで実資の許に、参入せよとの使者が送られた。実資は、立后宣命《りつごうせんみょう》の内弁《ないべん》を勤めよというのであろうかと推量し、「天に二つの日は無く、土に二つの主は無い。であるから巨害（道長）を恐れることはない」と意気込んで参入したが、公卿たちや必要な諸司《しょし》は参入していなかった（『小右記』）。

一方、妍子の御在所《ございしょ》である東三条第では、すでに道長主宰の饗宴が始まっていたが、実資が使者を遣わして、娍子立后の儀に参入するよう命じても、公卿たちは使者を前に召し出し、手を打って笑ったり、口々に嘲哢《ちょうろう》・罵辱《ばじょく》したりするばかり。石を使者に投げつける者まで出てきた。実資は、「狂乱したのか。神の咎《とが》めが有るであろう、天譴《てんけん》が有るであろう。至愚《しぐ》の者と称すべきである」と、怒りを露《あら》わにしている（『小右記』）。

結局、内裏に集まった公卿は、実資のほか、隆家《たかいえ》・懐平《かねひら》・通任の四人だけであった。立后宣命を作成するという段になり、実資は三条に、「『中宮妍子を尊んで皇后とし、女御《にょうご》娍子を中宮とする』というのでしょうか」と問うた。これは妍子を正式な皇后と見なすことを意味する。それに対して、「ただ、『皇后とする』としなさい」という返答があった

（『小右記』）。三条としては、妍子と娍子に差異を設けないという意向だったのであろう（定子や彰子の場合もそうであったが、宣命では、中宮も律令に規定された正式な后妃《こうひ》として「皇后」と称される）。

この時点では、実資たちの間には妍子と娍子の地位について、確たる見解がなかったことを示している。実資が娍子の名を、「御名は娍子か」と問うているのも（『小右記』）、娍子の存在が公卿社会に浸透しているわけではないことを示している。

こうして宣命の草案を作り、道長に内覧《ないらん》してもらうために、内記《ないき》を遣わして東三条第に持って行かせたが、長い時間を経ても帰参してこない。「向こうには道長に取り次ぐ人がいないのだろうか」と蔵人頭たちは推測している。実資は、道長が立后を妨害しており、万人はそれに怖畏しているからだと記している（『小右記』）。これは内裏にいた人々の見解であって、実際には東三条第では、皆で宣命の内容について協議していたのであろう。

ようやく内記が帰って来て言うには、道長は宣命の文の中に「後《しり》への政《まつりごと》」（政務における皇后の内助）とあるのは、先に妍子が中宮に立っているのであるから、除くべきであると命じたとのこと（『小右記』）。

実資は納得していないが、その文を削らせて、また道長に内覧させたところ、「天の下の政」という文、およびその次の文（『儀式《ぎしき》』などを参照すると、「独《ひと》り知るべき物には有らず」という文言か）も停めよと言ってきた。また、「食《お》す国として古《いにし》へより行き来たる」と書くようにと命じ、今度は書き直した後に持ってこなくても、三条に奏聞《そうもん》するようにとのことであった（『小右記』）。これは嫌がらせではなく、道長は饗宴の最中に三度も確認するのが面倒になったのであろう。

　実資は「無理矢理な非難である。奇妙なこととすべきである」と言っているが（『小右記』）、この宣命の件に関しては、道長の嫌がらせというよりも、宣命の不備を訂正して、正式な后妃が妍子であることを確認するための指示であったと考えるべきである。

　ただ、二月の妍子立后の際には、宣命の作成についてはすぐに行なっているのであるから、道長が今回の宣命作成に乗り気でなかったこと、またいつもとは違って細々とした字句にまで関心を払ったことは、確かなところである。そしてそれは、東三条第に参集していた諸卿の意見を集約したものでもあったのだろう。

　何とかして宣命の宣制《せんせい》が終わり、宮司除目《みやづかさじもく》が行なわれた（『小右記』）。皇后宮大夫《こうごうぐうだいぶ》に隆家、皇后宮亮《こうごうぐうのすけ》に娍子の異母兄の為任《ためとう》という布陣は、きわめて弱体なものであったが、なり手がないのであるから、仕方がない。

六衛府《えふ》の次将を召して警固《けいご》の陣を引こうとしても、誰も参入しておらず、これを取りやめて、実資たちは内裏を退出した。娍子の御在所である為任宅に向かったのである。公卿はこの四人、侍従《じじゅう》や殿上人《てんじょうびと》は一人も参らないという寂しい本宮《ほんぐう》の儀であった。立后の儀に際して内裏から奉られる大床子《だいしょうじ》や獅子形《ししがた》といった調度も、（実資によれば）道長の「妨害」でやって来なかったため（これも、これらは正式な中宮にしか必要ないと考えたのであろう）、娍子側で造るという始末で、形ばかりの饗宴を行ない、皆は退出した（『小右記』）。

一方、その頃、妍子は多くの公卿や殿上人を従えて（実資によると、「首を挙げて」）、東三条第から内裏の飛香舎《ひぎょうしゃ》に参入した。道長の記したところによると、指名しておいて付き従った公卿（道長が頼りにしている人たち）は、藤原斉信《ただのぶ》・源俊賢・藤原行成《ゆきなり》・藤原正《まさ》光《みつ》・藤原実成《さねなり》・源頼定《よりさだ》の六人、指名していないのに付き従った公卿（道長にとってありがたい人たち。頼通《よりみち》と頼宗《よりむね》は子息だから来て当然として指名しなかったのであろう）は、藤原頼通・藤原時光《ときみつ》・源経房《つねふさ》・藤原頼宗の四人であった（『御堂関白記』）。

出欠を気にする道長

興味深いのは、道長が指名しておいたのに参らなかった人として、実資・隆家・懐平の名を挙げ、それぞれ注を付けていることである。実資には、「『内裏に参っていた。天皇の召しによる』ということだ」、隆家には、「今日、新皇后（娍子）の皇后宮大夫に任じられた」、懐平には、「長年、私と相親しんでいる人であるのに、今日は来なかった。不審に思ったことは少なくなかった。思うところが有るのであろうか」というものであるが（『御堂関白記』）、実資と隆家に好意的な解釈を行なっている点が面白い。

　元来が自己の主宰する儀式への出欠を非常に気にする道長ではあったが（これが『御堂関白記』執筆の主たる動機であったと、私は考えている）、欠席した人に対する感慨を記すというのは、きわめて異例のことである。娍子立后の儀の方に参入した四人も、「『実資・隆家・懐平・通任の四人』と云うことだ」と実名で特記していることと併せ（『御堂関白記』、本章扉参照）、よほどこの儀式に気合いを入れていたのであろう。

　なお、はなから指名もせず、来もしなかった人は、顕光・公季の両大臣、藤原兼隆《かねたか》と通任、それに婚礼で来られなかった公任《きんとう》と教通《のりみち》である。道長は当初は参列者として教通のことも記していたのに、後で抹消している。公任はわざわざこの日に女と教通の婚儀をかち合わせ、娍子立后、妍子参入のどちらにも参列しなくてもよくしたのであろう。

　しかし、翌四月二十八日には多数が中宮妍子の御在所に伺候《しこう》し、饗饌《きょうせん》が設けられた。集まったのは、実資・斉信・俊賢・頼通・隆家・行成・忠輔《ただすけ》・懐平・経房・正光・実成・頼定・教通・頼宗の十四人（『御堂関白記』）。前日、娍子立后の儀に参入した四人の公卿のうち、通任を除く三人が参っている点に注目すべきである。彼らを完全な反対派の立場に置くことを避けるための道長の配慮と考えるべきであろう。

もっとも、実資は饗宴の最中にも、「昨日の事を思うと、いよいよ王道は弱く、臣威が強いことを知った。嗟乎《ああ》、々々」と嘆いている。この日、三条は、実資に対する感謝の意を述べたうえで、次のような言葉を実資の養子である資平《すけひら》に伝えさせた（『小右記』）。

「自分は久しく東宮《とうぐう》にあって、天下を統治してこなかった。今、たまたま皇位に登ったうえからは、自分の意に任せて政治を行なうべきである。そうでなければ、愚頑《ぐがん》なことである。しかるべき時が至ったならば、大将（実資）に雑事を相談するようになるであろうことを、まずはこの事を大将に伝えておきなさい」

これは前回の恩詔《おんしょう》で依頼された単なる政務の相談という範囲を越えて、来たるべき政権に関するものと考えた方がよいであろう。娍子立后の翌日ということもあり、三条も実資に対する感謝の意があふれ出て、このような言葉となったものと思われる。五月一日にも、三条は、「左大臣の行なったところは、極めて奇怪である。諸卿も同心して朝廷の権威を失なった。嘆き思うことは少なくない。このような事によって、しばらく命を保とうと思う」と語っている（『小右記』）。

重く病悩す

道長は五月二十三日、比叡山に登って顕信の受戒《じゅかい》の儀に参列したが（『御堂関白記』）、その際、法師によって放言《ほうごん》され、投石を受けた（天台座《てんだいざ》主《す》は「飛《ひ》礫《れき》は三宝《さんぽう》が行なったところか」と言っている）。飛礫は藤原広業《ひろなり》や大江清通《おおえのきよみち》に当たり、一石は道長の前に達したという。「殿下《てんが》（道長）が参られているのだぞ。何者が非常の事を致すのか」という制止に対し、僧が叫んだ放言の言葉というのは、「ここは檀那《だんな》院《いん》だぞ、下馬《げば》所《しょ》だぞ。大臣や公卿は物の道理《どうり》は知らない者か」、「前々は、馬に騎《の》って山に登ることは、まったくなかった。たとえ大臣や公卿であっても、髪を執って引きずり落とせ」というものであったという（『小右記』）。

そのようなことも影響したのか、道長は月末から重く病悩した。邪気《じゃき》（物怪《もののけ》）が現われたほか、「頭が痛いことは、破れ割れるようである」というのが、その病状であった。公卿が多く集まり、頼通などは簾中《れんちゅう》で声をあげて涕泣《ていきゅう》する有様であった。御修法《みしほ》を奉仕するようにとの道長の命に対し、六月四日、慶円《きょうえん》は、比叡山の守護神である山王の祟《たた》りが有るという夢想が有ったということで、御修法を奉仕せずに退出してしまっている。慶円と「討論」する道長の声は、はなはだ高かったという（『小右記』）。

　同日、道長は内覧と左大臣の辞表《じひょう》を奏上《そうじょう》した（『小右記』）。病悩するとすぐに辞表を奏上するのは、辞任によって病悩平癒を期すという姿勢の表明であろうが、天皇からの信任の確認という意味もあったものと思われる。病悩によって弱気になり、信任を確かめたくなったということなのであろう。

　しかし、一条との辞表をめぐるやりとりに慣れきってしまっていた道長は、三条は一条とは異なるということを見落としてしまった。実際、三条は六月四日の第一度の上表《じょうひょう》に際しては、すぐにこれを返却しているものの、八日の第二度の上表については、すぐに返却することはなかった。九日には、道長は実資に対し、「命を惜しむものではないが、一条を喪《うしな》った彰子のことだけが気がかりである」と、涙ながらに語るなどの弱気を見せている（『小右記』）。このまま辞表が返却されないと、本当に辞任しなければならないということになる。

六月八日にはまたもや人魂が土御門第から出、九日には鵄《とび》が鼠の死骸を道長の眼前に落とし、十日には蛇が堂上に落ち、十二日には瘧病《おこりやまい》（温帯マラリア）が疑われたうえに種々の厭術《えんじゅつ》が発覚するなど（『小右記』）、道長の周辺には怪異や呪詛《じゅそ》の噂が相次いだ。

そして六月十七日には、顔色が赤く、眼色も悪いという状況で、物を急いで飲食し、本心が無いような状態となり、天命を保つのは、やはり難しいとされた。そして、「為任が陰陽師《おんみょうじ》五人に道長を呪詛させている」との落書《らくしょ》（権力者や社会に対する批判や風刺を含んだ匿名の文書《もんじょ》）が、道長の許に寄せられた。実資は、「相府《しょうふ》（道長）は一生の間に、このような事が、断絶することなく起こる。事に坐す者は、いつもの事である。悲嘆するだけである」と記している（『小右記』）。

六月二十日、資平が聞いてきた噂として実資に伝えたところでは、道長の病悩を喜悦《きえつ》している公卿が五人いて、それは道綱《みちつな》・実資・隆家・懐平・通任とのことであった。実資は、娍子立后に参入したことによるものかと推測しているが、道長からは、「そのような噂は、（隆家を除いて）信用していない」との報が実資の許に二十八日に届いているし、七月二十一日にも道長は、「道綱と実資については（噂を）信用していない」と語っている（『小右記』)。

また、六月二十八日には、不吉なこととされる虹が、彰子の御在所や道長の土御門第をはじめ、頼通・教通・道長の家司《けいし》たち・源倫子《りんし》の母である藤原穆子《ぼくし》など、「左府《さふ》(道長)に相親しむ人々の宅」に立った。実資は虹が立った十七人を書き留めている(『小右記』)。とまれ、これらが娍子立后の後に一挙に噴出していることに注目すべきであろう。

収められたままでいた道長の辞表は、七月八日に至って、ようやく勅答《ちょくとう》と共に返却された(『御堂関白記』『小右記』)。三条はそれまで、道長の病悩がこのまま平癒しない場合のことを想定していたのであろうか。六月十五日に、道長が病の間は、右大臣の顕光が一上《いちのかみ》の政務を行ない、事を執行すると宣下《せんげ》されたという噂が立ったのも(『小右記』)、このような雰囲気の表われであろう(後日、これは誰も聞いていないことが明らかとなった)。

妍子懐妊

十月八日、妍子に「病悩の気」があることが発覚した。実はついに懐妊したのである。道長は、「主上《しゅじょう》(三条)は、二、三度、中宮(妍子)の御在所に渡御《とぎょ》なされた。感悦は少なくなかった」と記しているが(『御堂関白記』)、道長にしても三条にしても、どれほどの安堵であったことか。そしてこれが、二人にとって、心を通じ合うことのできた最後の機会となるのである。

十二月十六日の除目においては、蔵人頭の源道方《みちかた》が、「下﨟《げろう》の者（通任）を、不覚（愚か）にも私より前に参議に任じられた」という理由で参議への昇任を申請した。道長は、これを道理があるものと理解し、「参議には読み書きのできない者も多くいて、議定《ぎじょう》を行なっている際に見苦しいものである。差し障《さわ》りのある事が多くあった」ということで、道方を参議に補すこととした（『御堂関白記』）。これらは明らかに、公卿社会の常識を無視して外戚《がいせき》の通任を昇進させた三条への批判である。

年もおしつまった十二月二十五日、長和への改元が行なわれた（『御堂関白記』）。「この勘文《かんもん》を見てみると、まったく年号に相応《ふさわ》しい字ではない。ところが、太初《たいしょ》や政和《せいわ》よりも、まあまあ宜《よろ》しいのである」ということと、「今年を過ぎてはならない事であるから、勘申《かんじん》が不快であるからといって返給《へんきゅう》したならば、事を成すことはできない。そこでこの中で、仕方なくこの字を用いるということを定め申した」ということで、長和と決まったのであるが（『改元部類記《かいげんぶるいき》』所引『権記《ごんき》』）、「長い和」とは何とも皮肉な名前である。ともあれ、これからしばらく、三条と道長との最後の安穏な日々が続くことになる。

東三条第の焼亡

長和二年（一〇一三）が明けると、正月十日、妍子が出産に備えて東三条第に退出した。ところが、直後の十六日、その東三条第が焼亡した。折り悪しく「鼻引《はなひき》」（鼻風邪）を患っていた妍子は、南にある東三条第南院《なんいん》に避難し、藤原輔公《すけきみ》の高松殿《たかまつどの》、そして藤原斉信の郁芳門第《いくほうもんてい》へと御在所を替えた（『御堂関白記』『小右記』）。妍子が出産することを快く思っていない勢力による放火の可能性もあるが、妍子をめぐる複雑な情勢を、三条も道長も実感したことであろう。なお、妍子は、四月十三日に土御門第に移っている。

二月六日、妍子の御所において、公卿十人ほどが参会《さんかい》して饗宴が開かれ、管弦《かんげん》が催された（『御堂関白記』）。実資は、「特別な召しが無いのに、敢えて参るわけにはいかない。近《きん》習《じゅう》の公卿が伺候するのが宜しいのではないか」として、参列しなかった（『小右記』）。

その一方で、二月二十五日には、彰子は一種物《いっすもの》という饗宴を取りやめさせた（『御堂関白記』『小右記』）。妍子がしきりに饗宴を催して諸卿を煩《わずら》わせていたことに配慮したものである。「相府（道長）がおられるので諸卿は饗応《きょうおう》しているが、退出してから誹謗《ひぼう》しているのではないか。ましてや万歳（道長薨去）の後の非難は言うまでもない」という理由である。実資はこれを聞いて、「賢后《けんこう》と申すべきである」と感動している（『小右記』）。

翌二月二十六日の暁方、道長に二度の夢想があった。『御堂関白記』の頭《とう》書《しよ》には、「明救《みようぐ》・頼命《らいめい》、丑《うし》時」「八月、寅《とら》時」とあるが、本文には、「暁方、二度の夢想が有った」としか記していない。

しかし道長の家司である藤原知章《ともあきら》が実資に告げたところによると、最初の夢は重く慎しまねばならないというもので、道長は起きて仏前に詣で、祈請《きしよう》を行なったとある。そして再び眠った際、八月に重い厄《やく》があるという夢を重ねて見て恐怖していたというのである（『小右記』）。「明救・頼命」というのは祈請を行なわせる僧の名なのであった。

道長はその後、辞任も念頭に置いて、八月まで一心不乱に精進《しようじ》を行ない、「夜毎に念誦《ねんじゅ》堂《どう》に於いて額《ぬか》を突いて祈《き》禱《とう》」していた（『小右記』）。相変わらずの怖がりである。

三月二十日には、妍子に代わって、娍子が内裏に参入した。その際、道長の許に、「娍子が里下がりを続けていた里《り》邸《てい》の者に賞を与えるべきである。通任と為任ではどうか」との三条の意向が伝えられた。道長はそれに対し、「為任に賞を賜うのが道理であって、通任については極めて不都合なことです」と奏上した。そして、「娍子と天皇は、通任に賞を与えようという用意があるらしい」という情報を記した後に、「そうすれば伊《い》賀《が》人《びと》が伊《い》勢人《せびと》を騙《かた》るようなものではないか」との警句を記している（『御堂関白記』）。伊勢と伊賀との一字の通字《つうじ》と、為任と通任との一字の通字とをパラレルに対比して、通任を優遇する三条を批判したものである。

この頃、三条と道長との感情に、波風の立つ事態が続いた。四月二十一日、賀茂《かも》斎院御《さいいんご》禊《けい》（賀茂祭《かものまつり》に際しての斎院のみそぎ）が行なわれたが、禁制《きんせい》の装束《しょうぞく》を着た者たちは、斎院御禊の行事《ぎょうじ》（公事、儀式などにおいて主としてその事を掌った役）を勤めていた実資の見物している車の前を通る際には車に乗り込んで隠れて通り過ぎ、実資の前を抜けると車から降りたり、実資の前だけは別の道を通ったりして、その目を誤魔化そうとした。実資は、三条と道長の二人で過差《かさ》（身分による規定を越えた贅沢《ぜいたく》）の制止を定めておきながら、「憲《けん》法《ぽう》を立てて破るのは、人の為に嘲笑されるだけである」と批判している（『小右記』）。

四月二十四日の賀茂《かも》祭使《さいし》の行列も、「過差の甚しさは、例年よりも万倍するものであった」という状況であった。実資は、道長が内では過差を停めるよう三条に奏上し、外では禁制にこだわることもないと言っていると推測し、「憲法は、ただ一人（道長）の御心にあるのか。万人は目くばせするのみである」と、怒りを露わにしている（『小右記』）。

翌四月二十五日には、道長が三条の諸皇子を迎えて賀茂祭を見物したのだが、やはり禁制の装束を着させていた。またまた実資は、「王命《おうめい》に背くことを、賢としているだけである」と非難している（『小右記』）。

次いで五月八日、「十日に祈年穀奉幣《きねんこくほうべい》（年穀の豊穣を祈って神社に幣帛《へいはく》を献じる臨時の神事）を行なうことになったが、その日は東宮（敦成《あつひら》）の御《み》修善《しゅぜん》があるので、祈年穀奉幣を延期させよう」との三条の命が道長に伝えられたことに、『御堂関白記』ではなっている。ところが『小右記』によると、「東宮の修善の時刻を早めればいいのであって、これによって朝廷の奉幣使を延期するなどとは、道長の行なうところは、甚だ非常である」ということで、三条は、「『忿怒《ふんぬ》の御様子が有った』ということを実資に伝えよ」と資平に命じたのであった。

五月十八日からは、その東宮敦成が重く病悩することとなった。道長にとっては一大事で、連日の看病のほか、読経や陰陽道《おんみょうどう》の御祭《さい》を奉仕させている（『御堂関白記』）。なお、実資も敦成の病状を密々に探らせているが、実資の使者である資平に病状を語った女房《にょうぼう》は、「越後守《えちごのかみ》（藤原）為時《ためとき》の女」、つまり紫式部《むらさきしきぶ》であった。実資は、「この女を介して、前々にも雑事を皇太后宮《こうたいごうぐう》（彰子）に啓上《けいじょう》させていた」と記している（『小右記』）。

皇女出産を悦ばず

そうこうしているうちに、姸子の出産の日は近付いてきた。当然のことであるかのように怪異が起こり、六月二十九日、内裏の御樋殿《おひどの》（便所）が風もないのに顚倒《てんとう》した。三条は三十日に、これに関する御卜《みうら》を行なわせたのであるが、その間の事情は、道長には伝わってこず（蔵人の怠慢だっただけなのだが）、道長の不信感は増幅するばかりであった（『御堂関白記』）。

なお、この御卜の占文《うらぶみ》は、当初は「帝位《ていい》に御厄が有るものではない」というものであったが、道長の命によって、「御厄の事が有るものではない。もしかしたら（天皇の）御病悩の事が有るであろうか」と書き改められている（『小右記』）。この道長の思惑は、いったい何だったのであろうか。

そしていよいよ、七月六日、姸子は、「平安《たいらか》に」皇女を出産した（『御堂関白記』『小右記』）。後に禎子《ていし》と名付けられ、後朱雀天皇（敦良《あつなが》）の中宮として尊仁《たかひと》親王（後の後三条天皇）を儲けた皇女である。尊仁の即位によって、摂関《せっかん》政治は決定的な打撃を蒙《こうむ》ることになるのであるが、それは後世の話である。

『御堂関白記』には、道長の感慨は何も記されていないが、『小右記』によると、道長は公卿や殿上人には会うことはなかった。「悦《よろこ》ばない様子が、甚だ露わであった」という報を受けた実資は、「女を産みなされたことによるのであろうか。これは天の為《な》すところであって、人事《にんじ》（人間に関する事）は、どうしようもない」と記している。

道長の不興は五夜の産養《うぶやしない》を行なった七月十日に至っても収まらず、賜禄《しろく》を行なうのを忘れてしまったりしている（『御堂関白記』『小右記』）。

八月に入ってから、三条は斎宮御《さいぐうご》禊《けい》（伊勢斎宮が嵯峨野《さがの》の野宮《ののみや》で一年余り行なう潔斎《けっさい》）の上卿《しょうけい》を行成に命じていたのであったが、連日の特に甚しい懇願にもかかわらず、道長はそれを承引しようとはせず、御禊を行なわせなかった。行成は、「考えてみると、神の怒りが有るのではないでしょうか」と実資に語っている。この件に関しては、九月五日に、三条が道長に対して「不快の気」があり、夢想があったとの情報が実資に届いている（『小右記』）。

そして九月十六日、三条は土御門第の妍子の許に行幸《ぎょうこう》を行なった（『御堂関白記』『小右記』）。かつて一条が敦成《あつひら》を産んだ彰子の許に行幸した先例にならったものである。土御門第に到着し、禎子と対面した三条の感慨は、この子が皇子であったならばという思いか、はたまた、これで敦明《あつあきら》たちの地位が低下せずにすむという安堵であったか。

娍子と禎子とが内裏に参入する日は、十一月十一日と決まっていたのであるが（『御堂関白記』）、この年の内には娍子は内裏には入らなかったようである。道長も三条も、二回目の懐妊と皇子誕生を願っていたはずであるが、どのような事情があったのであろうか。

内裏焼亡

『御堂関白記』は長和三年（一〇一四）の記事をまったく欠いている。眼病を患った三条に対し、道長が退位を要求したこの年の記事は、早くから失なわれているようである。先にも述べたが、道長は寛弘七年暦巻上の標紙《ひようし》の見返に、「件《くだん》の記等、披露《ひろう》すべきに非《あら》ず。早く破却《はきやく》すべき者なり」と書き付けているが、長和三年だけは、その内容の重大性もあって、本当に破却されたのかもしれない。もしかしたら、道長自身が破却した可能性も考えられる。

道長の側近である行成の『権記』がすでにまとまっては残っておらず、『御堂関白記』も残されていないということは、この年は道長に批判的な記述をすることの多い『小右記』を基にして考えなければならない。道長と三条の関係が、ことさらに悪くなったように感じるのも、一つにはそのためなのである（実際に悪くなったのであるが）。

正月十七日の除目では、道長が二男の頼宗を権中納言《ごんちゅうなごん》に任じるとの噂が立ち、大・中納言の多さに怒った実資は、「甚だ博愛で、世間の珍宝《ちんぽう》は、悉《ことごと》く蓮府《れんぷ》（道長）に到る。恥を棄てたと謂《い》うべきである」と怒ったうえで、「乱代の極みのまた極みである。悲しいことよ」と嘆いている（『小右記』）。なお、頼宗が権中納言に任じられたのは三月のこと）。

正月二十四日にはこの除目も最終日を迎え、道長は直廬《じきろ》で饗饌を開いた。顕光・公季という両大臣がこれに顔を出したのであるが、実資は、「頗《すこぶ》る不快のことである。追従《ついしょう》の甚しいものである」と手厳しい。二月三日に春日祭使《かすがさいし》を改替《かいたい》した際にも、「縦横は、ただ一人（道長）の口にあるだけである」と非難している（『小右記』）。

この頃、正月二十七日から彗星が現われ、二月九日に天文博士《てんもんはかせ》による勘文が実資の許に送られてきた。これを見た実資は、「主上（三条）のことは大したことではない。焼亡・大地震・執柄人《しっぺいにん》（道長）については、その徴《きざ》しがすでに明らかではあるけれども、憚《はばか》るところがあるので、敢えて記さない方がいいだろう」との返事を出した（『小右記』）。

そのような折も折、その日の深夜に内裏が焼亡してしまった（『小右記』『日本紀略《にほんきりゃく》』『百《ひゃく》練抄《れんしょう》』『扶《ふ》桑略記《そうりゃっき》』）。三条がこの内裏に入ったのは寛弘八年であるから、実際にはわずか二年余りしか使用されなかったことになる。娍子がようやく正月十九日に内裏に入った直後の焼亡というのは、まったくの偶然とは思えない。

火は人気《ひとけ》のなかった登華殿《とうかでん》の上から出た。道長は馬を馳せて陽明門《ようめいもん》から参入した。その念頭には敦成《あつひら》と妍子のことがあったであろう。神鏡《しんきょう》（寛弘二年に焼け残った銅の残骸）は何とか無事だったようであるが、焼死者や圧死者も数多く出た（『小右記』）。

さっそくに造営《ぞうえい》の準備を始めたのはいいが、三条の心労は重かった。すでに「迷惑（途方にくれること）」の様子を語っていたのであるが（『小右記』）、よほどこたえたようである。この心労が、やがて重い眼病につながることになる。

三条や妍子の新たな御在所は、道長の枇杷殿と決した。二月十八日に枇杷殿造営の雑事が定められたが、殿舎《でんしゃ》の数について、三条と道長との意見が対立した。殿舎の数を減らした方がいいという道長に対し、三条はそれを許容しなかったのである。道長の意見は公任《きんとう》や俊賢《としかた》の意見を容れたもので（『小右記』）、いわば公卿層の多数意見であった。

三条天皇に退位を要求

この頃、三条の体調に大きな異変が生じていた。三月一日に資平に語ったところによると、この数日、「片目は見えず、片耳は聞こえない。極めて病悩しているうちに、夜はいよいよ病悩している」という状態となってしまった（『小右記』）。目と耳が不自由というのでは、天皇としての聴政《ちょうせい》がままならないということになり、政務や儀式の執行にも大きな影響が出るのは避けられなかった。

ちょうどその三月一日には、鹿が道長邸の南門から入って馬出屋《うまだしや》に登るという怪異が起こり、「君に不忠《ふちゅう》の臣が有り、父に不順《ふじゅん》の子が有る。そうでない身は衰耗《すいもう》を憂う」という占いが出て、道長は恐懼《きょうく》した（『小右記』）。

悪いことは重なるもので（偶然とは思えないが）、三月十二日、大宿直《おおとのい》・内蔵寮《くらりょう》不動倉《ふどうそう》・掃部寮《かにもりりょう》などが焼亡し、累代《るいだい》の宝物数万がことごとく焼失してしまった（『小右記』）。

この火災の直後に、道長と道綱が並んで、「天道《てんどう》が主上（三条）を責め奉ったのである」ということを三条に奏上した。三条は、二人の言いたいところはよく理解したという（『小右記』）。二人は言外に退位を匂わせたのであろう。

この件に関しては、三月十四日に実資の許に達せられ、三条は実資に意見を求めている。実資は参内《さんだい》して意見を奏上しようとしたが、道長がいたので奏聞することができなかった。実資は、道長はともかく、道綱がこれに同心したことに怒りを表わしている（『小右記』）。

そしてついに三月二十五日、道長は三条に、譲位するよう責めたてた。それに対し三条は、まったく耐えられないという仰せ事を返した。その報を受けた実資は、「奇である、怪である」と憤慨している（『小右記』）。

臣下に過ぎない道長が天皇に譲位を迫るというのも、確かに奇怪なことではある。しかし、天皇であっても支配者層の総意に基づいて皇位にあるのであり、その利害を発現する義務を有する。道長が譲位を求めたのは、何も外孫《がいそん》の敦成《あつひら》を即位させて外祖父《がいそふ》摂政《せっしょう》として権力を一手に収めたいという願望のみによるものではなかろう。病気によって政務や儀式をきちんとこなせず、人事に際していつも情実による我意を張るような天皇では、宮廷社会の信任を得ることはできないといった側面も、一面ではあったに違いないのである。

さて、四月五日には、道長は針を踏み立ててしまった（当時の針は今よりも大きい）。行歩することもできず、円座《わろうだ》に坐って隠所《いんしょ》（便所）に曳きずられて行っているとの情報が、実資の許に届いている。その後も快復しないまま苦しみ続けた。はじめは瘧病《おこりやまい》のようであったが、十四日には他の祟りも加わったようであるとの情報が流れている（『小右記』）。

三条の方は、四月九日、枇杷殿に遷御《せんぎょ》した。この日は内裏焼亡の後、二月二十日に太政《だいじょう》官《かん》の松本曹司《まつもとぞうし》に移ってから四十九日目という俗忌《ぞくき》があり、また陰陽師が大将軍《たいしょうぐん》の方忌《かたいみ》を申し、さらに三条自身の物忌でもあり、しかも神鏡を納める辛櫃《からびつ》の中から奇異の声がするという怪異も起こったのであるが、無理をして参内してきた道長の一存によって、遷御が行なわれた（『小右記』）。

道長の病悩も月末には快復し、四月十八日の賀茂祭では衣を脱いで引馬《ひきうま》の口取《くちとり》に下賜させるなど、相変わらず過差の禁制を破っていた。二十六日には賀茂詣《かももうで》を行なって斎院選子《せんし》内親王に和歌を贈っている（『小右記』。使者が道長と選子の両方から禄を下賜されたというので、実資は大いに怒っている）。

五月十六日には、三条は土御門第行幸を行ない、競馬《くらべうま》を覧ている。実資はこれにも、内裏造営が決まっていないのに競馬の興が有るのはよくないと、批判的である（『小右記』）。

焼亡した内裏の造宮定《ぞうぐうさだめ》は、五月二十四日に行なわれた。三条は懐平を造宮別当《ぞうぐうべっとう》とすることを求めていたのであるが、道長の定めたのは、五男の教通《のりみち》と、藤原兼隆《かねたか》・藤原公信《きんのぶ》であった。実資は、「内裏造営は天下の重事であるから、年少の者（教通）には勤まらない。物の意を知る人々は、或いは耳うちし、或いは首を傾《かし》げて嘆いた。天下の事は、今となってはどうなるのだろうか。大いに悲しい御代である」と嘆いている（『小右記』）。

六月十五日には御馬御覧《おうまごらん》（天皇が諸国の牧から貢進された馬を覧る行事）が行なわれることになっていたが、参勤の官人や乗り手が少なかった。三条はそれを咎《とが》めて参入を命じたが、なかなか参入してこなかった。道長の随身《ずいじん》を兼ねている者などには、道長が辞退するよう命じる有様であったという（『小右記』）。

この頃、道長は、「実資が、自分が雑事を申す（関白《かんぱく》になる）ということを三条に奏上させた」という噂を聞き伝え、それを三条に問い詰めていた。三条から実資への数々の「恩詔」に尾鰭《おひれ》が付いて、道長の耳に達したのであろう。それは事実かと迫る道長に対し、三条は、そんなことはないと答えている。六月二十六日に、またもや道長がやってきて、同じことを聞く。三条もまた、同じように答える、という問答が続いた（『小右記』）。

六月二十七日、三条は実資に、この経緯を伝えた。そして、「万事を（実資に）相談するということについて、心中に思っていることには変わりがない。（実資には）最も親しみを感じており、近日、その心は、いよいよ切なるものがあるが、すでにその人（道長）がいる。あの者がいなくなった後のために、このように言うのである。もしかしたら近いうちのことかもしれない。これは懇切《こんせつ》に思ってはいるが、内心に秘めて言わない」などと伝えさせている（『小右記』）。

乱痴気騒ぎと涕泣

十月二十五日、一条第一皇子の敦康《あつやす》親王は、道長の宇治別業《うじのべつぎょう》に遊宴を行ない、公卿・殿上人は、皆、「首を挙げて」付き従った。道長は敦康に、衣を脱いで遊女《あそびめ》に賜うよう勧め、皆にも、「宮（敦康）でさえ衣を脱いだ」と言って、衣を脱いで賜うよう求めた。結局、遊女四十余人には、数多くの衣と、絹百疋・米百石が与えられるという乱痴《らんち》気《き》騒ぎであった。密々にその出立《しゅったつ》を見物していた実資は当然、「軽々の極みである」と批判的である。三条も、「極めて善《よ》からざる事である」と憤慨している（『小右記』）。

十一月六日、道長は天台座主に慶円《きょうえん》ではなく院源《いんげん》を任じることを三条に懇奏《こんそう》した。その際、「慶円は自分の為に大いに不遜の者である。讐敵《しゅうてき》のようなものである。まったく推挙するわけにはいかない」と語ったという。同様に、翌七日の小除目《こじもく》では、隆家を大宰権《だざいのごんの》帥《そち》に任じたが、これは道長が単独で行なったものであった。実資は、三条の御前で行なうべきであったと非難している（『小右記』）。

一方、東宮敦成《あつひら》は、十一月十七日、初めて三条への朝覲《ちょうきん》（天皇や上皇・皇太后の御所に参って謁見すること）を行なった（『小右記』『日本紀略』）。七歳の敦成は、まったく作法を失することなく、見る者は感嘆し、道長は涕泣した（『小右記』）。実は道長は、人前でもよく泣くのである。かつて七歳で即位した一条の幼少時を重ねて見ていたのであろう。もちろん、自分の姿は父である摂政兼家《かねいえ》と重ねていたはずである。

この年の豊明節会《とよのあかりのせちえ》（新嘗祭《にいなめのまつり》の翌日に行なわれる宴会）は十一月二十二日に行なわれたが（『日本紀略』）、道長はこの時も、過差の禁制を遵守する必要のないことを命じた。実資は、「王化《おうか》の薄いことによるものであろうか。甚だ以て嘆息《たんそく》した。弛張《しちょう》はただ、執権《しっけん》の臣（道長）の心に懸かっている」、「万人は、善に背いて悪に従っている。主（三条）を侮って臣（道長）を敬うばかりである。愚のようなものである」と非難の声を高めている（『小右記』）。

年の暮れの十二月一日、敦明がとんでもない暴力事件を起こした。道長はこれを聞いて大いに怒り、「無量《むりょう》の悪言」を吐いた。しかも、矛先は三条自身にも及び、聴く者は心を寒くしたという。実資は、「極めて片腹《かたはら》痛い御詞が有った」との報を得ている（『小右記』）。

翌年は、道長が五十歳、三条が四十歳にあたる年であり、本来ならば算賀《さんが》（長寿の祝い）が行なわれるはずであった。しかし、道長は十二月八日に至って、三条の算賀を行なえない以上、自分が算賀を行なえば謗難《ぼうなん》があるに違いないとの理由で、辞退するとの意向を示した（『小右記』）。自分が行なわない以上、三条も行なうわけにはいくまいといったところであろうか（実際には十月二十五日、道長五十の算賀の法会《ほうえ》のみが行なわれている）。年もおしつまった十二月二十二日、道長は藤原高遠《たかとお》の遺財である大瑠璃壺《おおるりつぼ》を子の資高《すけたか》から奪うという行為に出た。実資はそれを聞き、「死亡に臨んだ後に財物を捜し取られるのは、恥道《ちどう》を忌まないのか。ただこれは貪欲が甚しいだけである」と怒っている（『小右記』）。

「大不忠の人」

長和四年（一〇一五）には、道長と三条との攻防が大詰めを迎えた。道長をはじめとする公卿層からの退位工作が激しくなり、それに対抗する三条の闘いが繰り広げられたのである。

　四月十三日、道長は、「今日は天皇が病悩なされている御目が、特に暗い」ということで、官奏《かんそう》を奉仕することはなかった（『御堂関白記』）。実はこの日、三条は扇の絵を覧ていたのであるが、参内してきた隆家に対し、「今日は心神《しんしん》の具合が宜しい。目は、まだ不快である。左大臣（道長）が、今日、参入してきたが、機嫌は宜しくなかった。これは、私の心地《ここち》が頗る宜しいのを見て、むつかった（不愉快になった）のである」と語った。それを聞いた実資は、道長を「大不忠の人《だいふちゅう》」と罵《ののし》っている（『小右記』）。

四月二十一日、三条は、伊勢《いせ》神宮《じんぐう》に使者を立て、また石清水《いわしみず》八幡宮《はちまんぐう》と賀茂社《かもしゃ》に行幸を行なうことによって、眼病平癒を祈願しようとの大願《たいがん》を立てた（『小右記』）。特に伊勢《いせ》勅使《ちょくし》をめぐっては、これから様々な問題を引き起こすことになる。

また、四月二十八日には「或る人」が三条に、あることを催促し、三条はこれを拒絶している（『小右記』）。これが道長ならば、その内容が譲位であることは間違いなかろう。

この間、様々な「霊」も出現した。五月四日には、「主上（三条）の御目は、冷泉《れいぜい》院の御邪気が行なっているところである」との託宣《たくせん》が憑坐《よりまし》（物怪を寄りつかせるための小童。この場合は女房）の女房に下った。さらに六日、賀静《がじょう》の霊が出現した（『小右記』）。この賀静というのは、良源《りょうげん》に超越《ちょうおつ》されて天台座主に就く望みが叶わず、律師《りっし》の地位で死んだ僧なのであるが、後にまた登場することとなる。

五月十日には明救が、良源から自分だけが伝習したという眼疾平癒の秘法を修することを請うてきた。「国王（三条）の為には、秘蔵すべきではない」ということであった（『小右記』）。ただし、この件については、六月になってひと悶着起こることになる。

前年に焼亡した内裏の造営は進められていた。三条は新造内裏への遷幸《せんこう》を急ぐことを、五月十七日に参内してきた道長に命じたが、道長は何も答えることなく退出してしまった。三条は、「自分の病状を見て、答えなかったのである。今となっては一切、譲位の事を考えない」と憤慨している。翌十八日、三条は持仏の五大尊像《ごだいそんぞう》の造立を道長に命じたが、道長はその命を奉じることはなかった。実資は、「深く思うところが有るようである。善くない事である」と記している（『小右記』）。

その間、例の賀静の霊が、執念深く懇切に、天台座主を贈られるよう要請したようである。三条が道長に諮問したところ、道長は先例を勘申《かんじん》させるよう奏上した。これに対し三条は、たとえ先例がなくとも、必ず贈るようにとの仰せを伝えた。五月二十二日には、賀静の霊は、「先日、座主に任じられるよう申しました。ところが現在の座主（慶円）は、怒気が極まり無いようです。……天台座主に任じられることはできません。ただ、僧正《そうじょう》の位に上げていただきたいのです」などと語って（『小右記』）、要求を引き下げている。

五月二十三日には実資が、非常赦《ひじょうしゃ》を行なうよう、密々に奏上していたのであるが（『小右記』）、その実施をめぐって、道長と三条との意見の相違が明らかとなった。大赦《たいしゃ》の実施を三条から聞かされた道長は、「大赦というのは、これは朝廷の大事です。御病悩が重いからといって行なわれるとは、何事で有りましょうか。以前は、大事があったからというので行なわれてきたものです」と奏聞して難色を示した（『御堂関白記』）。結局、「天皇の病悩というのは、『天下の病』と云うのであって、大事のまた大事である」ということで（『小右記』）、二十六日に非常赦が行なわれた（『御堂関白記』『小右記』）。

六月に入ると、一日に道長が風病《ふうびょう》を発してしまった（『御堂関白記』）。「頭が痛み、頗る悩《や》む」という状況であったが、翌二日にそれを聞いた実資の、これで三条の目が頗る宜しくなるであろうとの観測（『小右記』）は、皮肉に過ぎよう。

内裏造営は、なかなか進捗《しんちょく》しなかった。一つには、新内裏は新帝敦成《あつひら》に入ってもらいたいという道長の思いを忖度《そんたく》する向きもあったのであろう。六月十二日、木《も》工寮《くりょう》が道長に、清涼殿《せいりょうでん》を造る材木が不足しているので、期日以前の造営は難しいことを申し、道長はそれを三条に奏上した。三条はそれに応じることなく、枇杷殿にいるのは都合が悪いから、紫《し》宸殿《しんでん》と清涼殿だけでも造ったら還御すると答え、造宮行事《ぞうぐうぎょうじ》と国司《こくし》の怠慢を責めたてた。結局、十四日に道長が十九日までの完成は難しいということを奏上し（『小右記』）、三条は、ついに遷御の延期を決定した（『御堂関白記』『小右記』）。

三条としてみれば、天皇権威の再構築と内裏居住とが過度に結び付き、しかも一条に比べると道長の邸第《ていだい》に居住することを潔しとしない性格だったのであろう。

内裏造営をめぐる騒動の間、三条の祈禱を奉仕していた明救が、六月十三日、「自分が天皇の祈禱を行なったので道長が不快となった。したがって、これから行なう予定であった、目を明らかにする密法を行なうことを辞退したい」と三条に奏上した（『小右記』『御堂関白記』）。

六月十九日には、三条は瘧病《おこりやまい》を発しているが、この日、例の賀静に僧正法印大和尚位《そうじょうほういんだいかしょう》が贈られた（『御堂関白記』『小右記』『日本紀略』『百練抄』）。

伊勢勅使の度重なる延期

伊勢勅使については、閏《うるう》六月四日に発遣することが、六月二十七日に定められた。勅使には、当初は殿上人の藤原知光《ともみつ》が予定されていたが、発遣三日前の閏六月一日になって、突然、道長は、翌二日から三日間の内裏触穢《しょくえ》であり、また参議を遣わすべきであると言い出し、発遣は七日へと延期された。この間、二日には仁海《にんかい》が三条の眼病を占い、「祟《たた》りについては宿報《しゅくほう》（前世の報い）ではなく、病悩は必ず平復する」という結果を得た。この占文を見た道長は、「頗る不快の様子」が有ったという（『小右記』）。

閏六月五日になると、七日から穢《え》があるということで、伊勢勅使発遣は二十五日へと延期されている（『小右記』）。八日からは、三条の目はいよいよ昏《くら》くなり、道長は「前生《ぜんしょう》（前世）の果報《かほう》（因果《いんが》）の御病のようなものである」などと語っている（『小右記』）。

三条の病悩ばかりが云々されていたこの時期であったが、閏六月十九日、道長の方も廁《かわや》から還る途中に、土御門第内の南側にある小南第《こみなみてい》の北対《きたのたい》の打橋《うちはし》から落ち、左足を損傷して前後《ぜんご》不《ふ》覚《かく》となった（『御堂関白記』『小右記』）。「生きていることができないことは、亡者《もうじゃ》のようなものであった」というのであるから、骨折とか、よほどの重傷だったのであろう。平復には八月までの時間を要し、その間、足や尻の肉は痩《や》せ落ち、車に乗るにも人に支えてもらわないといけないような有様で、道長は深く嘆息する日々であったという（『小右記』）。小南第から土御門第の寝殿《しんでん》にも、舟に乗って往来している（『御堂関白記』）。

延期された伊勢勅使は、閏六月二十五日に発遣されることになっていたが、二十三日になって、勅使の藤原公信が、自邸の「触穢」を申してきて（『御堂関白記』『小右記』）、三条は、二十八日への延期を決定した。ところが公信は、今度は腫物《しゅもつ》を患っていて勅使を勤めることができないと奏上した。三条はこれを「陽障《ようしょう》（仮病）」と断じ、公信を「不忠者」と罵っているが、結局、懐平を勅使として八月二日に発遣されることとなった（『小右記』）。

ところが七月二十七日の夜、内裏（枇杷殿）に死穢《しえ》が発生した。『御堂関白記』『小右記』によれば南の築山《つきやま》に内の方が赤い（つまり新しい）死人の頭が置かれており、『小右記』によれば紫宸殿の橋の下に時間が経った破れかけた白い頭が置かれていたという。この日を期して、内裏を死穢に陥らせようとした者が二勢力いたことになる。いずれにせよ、これで伊勢勅使発遣は八月十一日に延期となった。道長は、「この伊勢奉幣使を延期することは、今回で四度（実は五度）になる。不審なことである」と記している（『御堂関白記』）。

　八月になると、一日に三条は、政権運営に関して、道長に新たな提案を行なった。眼病の間、道長が官奏を覧て下すようにとの命を、直接、仰せたのである。しかし道長は、これを拒否した。「眼病の間」というのでは、その後の政務運営や政権構造に対して、曖昧であると見なしたのであろう。事実、三条は二日に、体調が戻れば通例のように官奏を覧ると実資に語っているし、この数日は御障子の絵が分別できるほどに目は快復し、御膳を元のように復すよう、命じてもいる（『小右記』）。

　しかし、同じ八月二日、彰子の御在所である土御門第（道長の居所でもある）の北対と北屋《きたのや》との間に、犬に喰われた小児の頭身で一本の手と一本の足が付いたものが「発見」された。道長は、さっそくこれを三条に奏聞させ、勅使の発遣は延期された（『御堂関白記』『小右記』）。

道長は八月に入ってから、しきりに三条に譲位を促した。これに対し三条は、伊勢神宮への祈禱の後に、また病状に随って考えると答えたという（『小右記』）。道長としてみれば、中途半端な政権委譲よりも、一挙に新帝敦成《あつひら》の即位＝自分の摂政就任へと持っていきたかったのであろう。ほとんどの公卿にとっても、それは望ましい情況だったはずである。

道長は、ここから切り崩そうとしたのか、八月十日に実資に密事を示した。三条の目のこと、また政務や儀式が滞っていること、内裏還御の有無についてである。実資が、「事は多く畏れが多い。詳しく記すことはできない」と記しているのは（『小右記』）、三条の退位について語っていたからであろう。道長は十三日にも実資を呼んで、「天下の事、および内裏還御の事など」を談じている（『小右記』）。

三条は、八月十九日、資平に密かに語った。「近日、道長は頻《しき》りに譲位を促してくる。しかし、内裏に還御しなければ、譲位を行なうつもりはない。やはり来月、内裏に還御するということを、道長に仰せておいた」と。しかしまた、二十二日に、「内裏に還御した後、目がなお見えなければ、道長の志に従うしかない」とも語っている（『小右記』）。

一方の道長は、八月二十二日に資平にこう語った。「主上（三条）の御目は、頼むところは甚だ少ない。遠近の物はすでにわからなくなっている。叙位《じょい》や除目《じもく》を行なうこともできない。

また、官奏に候じることもできない。今、皇政《こうせい》は廃忘《はいぼう》しているようなものである。徒然《つれづれ》として日を過ごすばかりである」と。三条自身は二十五日に、「目の調子が頗るいいから、今日のようであれば、除目を行なわない官奏を見ることもできようか」と語っているが（『小右記』）。

延期されていた伊勢奉幣使は、九月八日に発遣されることになっていたが、その三日前の五日、東宮敦成の御在所（土御門第寝殿）において、犬の死穢が「発生」した。当然のこと、発遣は十四日に延期となった（『御堂関白記』『小右記』）。

三条は九月七日、眼病のことについて、実資に密勅《みっちょく》を賜わった。それについては、実資は翌八日に奏聞している。「事の趣旨は、人事（人間に関する事）に関することではない」と記しているのは（『小右記』）、皇位に関わることだったのであろう。すでに三条も実資も、譲位自体は仕方のないこととして、譲位に際しての条件闘争に方針を切り替えていたものと思われる。実資の奏聞を承《う》けた三条は、九日、「奏聞は思っていたとおりである。しかしながら、甚だ耐え難いことである」と答えている（『小右記』）。

この頃ようやく、三条の「宿願《しゅくがん》」が続々と叶えられる日が来た。九月十四日、伊勢神宮、および賀茂社・松尾社《まつのおしゃ》・平野《ひらの》社《しゃ》・石清水八幡宮・大原野《おおはらの》社《しゃ》に、ようやく奉幣使を発遣することができたのである（『御堂関白記』『小右記』）。三条がおそらくは、譲位の意志を固めた（と周囲には思われた）直後であることは、これまでの何次にもわたる妨害と考え併せると、象徴的な時期である。

　これで容態は快方に向かうかというと、そういうわけにはいかなかった。九月十六日には膳に着くこともなく（『小右記』）、翌十七日の官奏も、眼病によって覧ることはできず、ただ返給《へんきゅう》するだけであった（『御堂関白記』『小右記』）。

敦良親王を皇太子にと要求

　そして九月二十日、いよいよ待望の新造内裏への遷御が行なわれた（『御堂関白記』『小右記』）。三条は動作が不調でままならず、道長をはじめとする公卿が支えた（『小右記』）。同日、東宮敦成《あつひら》もまた、土御門第から新造内裏に入った（『御堂関白記』『小右記』）。中宮の妍子も一緒に内裏に入るはずであったが、方忌によって先延ばしされた。二十六日に三条は、「方忌を違えて、来月三日に参入すればよいではないか」と語ったが、道長が、「急にそのようなことはできません」と言って拒絶している（『御堂関白記』）。結局、妍子はこの内裏には、一度も入ることはなかった。

　この頃から、待望の伊勢勅使発遣と内裏還御も実現したとして、道長はさらに踏み込んだ交渉を行なった。十月二日に三条が資平に語ったところによると、道長はこの数日、しきりに譲位を責め催すのみならず、三条の皇子たちは東宮の器ではないから、東宮に立てるわけにはいかず、故院《こいん》（一条）の三宮《さんのみや》（敦良《あつなが》）こそ東宮に立つに相応しいと言ったとのことである（『小右記』）。

確かに、敦明の日頃の行状を考えれば、そして道長家とのミウチ関係を考えれば、敦良こそ道長（や頼通）にとって最善の次期東宮だったであろうが、三条に直接それを迫るとなると、もはや遠慮もない道長の姿が浮かび上がってくる。三条としても、こうなると譲位の実現をカードとして、次期東宮をめぐる条件闘争を続けるしかなくなるわけで、「今となっては譲位の事は、まったく思いとどまった」と語っている（『小右記』）。

また、さらに重要なことには、この十月二日、公任と俊賢が、道長を促して、三条に譲位を迫らせた。三条は、「神明《しんめい》に訴えて、こいつらの身や子孫に宜しくないようにしてやる。自分は十善《じゅうぜん》の故に宝位《ほうい》に登ったのである。ところが臣下が、どうして自分の位を危くすることが有るだろうか」などと怒っているが（『小右記』）、後世、「寛弘の四納言」と称されることになる良識派の彼らが譲位を促すとなると、三条の譲位に対する要求が、ひとり道長の権勢欲のみに起因しているわけではないことを示している。

策を弄する三条天皇

十月十五日、三条は究極の手段を行使した。いまだ十三歳に過ぎない女二宮《おんなにのみや》（禔子《ていし》内親王）を頼通に降嫁《こうか》させることを提案したのである。三条からのミウチ関係構築の誘いであるが、道長は提案を受諾する気があったようである（『小右記』）。

実資が、「御病悩の間、深く宝位を貪《むさぼ》りなされるので、思い付かれたことであろう」と弾指《だんし》（曲げた指の爪を親指の腹にかけてはじき、警告の意を表わす所作）して非難しているように（『小右記』）、三条は、ここで道長家を取り込むことによって、自分の皇位の継続、また譲位の際の敦明立太子《りったいし》を目論んだのであろう。

このような情勢のなか、十月二十二日、三条は資平を介して、実資に譲位について語った。「目は、いよいよ見えない。足もまた、動かない。まったく堪えられない。今となっては、どうしようもない。譲位の事は、正月を過ぎることはできない」と（『小右記』）。

十月二十六日、三条は重大な宣旨《せんじ》を翌日に下す決心をしていた。道長に、摂政に准じて、除目・官奏・一上《いちのかみ》の事を行なわせるというものである。この日、三条は実資に、この間の事情を次のように説明した（『小右記』）。

「我は皇位を退くことになる。しかし、すぐに譲位しようとは思わない。そこで政務を左大臣（道長）に譲ることとする。もし左大臣の行なうところに非が有ったならば、必ず天譴《てんけん》に当たるであろうか。これはうまく考えて思い付いたところであって、かえってあの者にはよくない結果となって、我の息災《そくさい》となるであろう」

あくまで道長との抗争に勝利しようという意欲は立派であるが（少し陰険に過ぎるが）、この日、さきほど登場した「寛弘の四納言」の一人である斉信は、「主上（三条）の為に、現代は後代の極まり無い恥辱《ちじょく》となるであろう」と、同じく行成は、「東宮（敦成《あつひら》）の御代としてから、（道長は）摂政となるべきであろう。ところが急にこのような事となった。主上は今年を過ぎることはできないのではないだろうか。はなはだ愚かである」と言って、それぞれ三条を非難している（『小右記』）。

これらは、何も道長に媚《こ》び諂《へつら》ったものではない。三条の皇位への執着に対する、これが公卿社会の集約された声なのである。確かに、政務は放棄しても皇位には執着するという天皇は、彼らから見れば異常な君主に見えたことであろう。

翌十月二十七日、道長に准摂政の宣旨が下った（『御堂関白記』『小右記』）。実資が問い合わせたところ、宣旨には「労《いたつ》き御《おわ》す間（三条の病悩の間）」という文言はなかった（『小右記』）。完全にして永久的な政務委譲ということになる（三条が皇位にある間ではあるが）。

道長はさっそく、直廬において除目を行なった（『御堂関白記』『小右記』）。それは大臣も参らなかったということで、「（大納言たちにはかってやればいいのに）独断で意に任せて補任《ぶにん》したことは、甚だ不都合であった」というやり方であった（『小右記』）。

十一月に入っても、三条の目の状態は、一向に快方に向かわなかった。三日には、「伊勢神宮への祈禱の後、いよいよ倍している。やはり感応が無かった」と漏らしている。そして五日、ついに三条は道長に、明春の譲位を語った（『小右記』）。

三条としてみれば、残る望みは、敦明の立太子、そして新造内裏における正式な譲位の儀くらいのものだったであろう。十一月九日、なかなか内裏に参入してこない妍子に代わって、娍子《せいし》が内裏に参入してきた（『小右記』）。三条の天皇としての最後の日々を共に過ごし、譲位の儀を揃って迎えたいという意図もあったのであろう。しかし、この参入が次の内裏焼亡につながるとは、誰も考えてはいなかったはずである。

再びの内裏焼亡

妍子の方は、十一月二十八日に内裏に参入することになっていたようであるが、十五日、道長は譲位が近いからと言って、参入を停めさせた（『小右記』）。

そして十一月十七日の深夜、あれほど三条が造営と還御を望んだ内裏が焼亡してしまった（『御堂関白記』『小右記』）。三条は冠もない状態で脱出し（敦明が自らの冠を脱いで献じている）、皇子の敦明と敦平《あつひら》に寄りかかっていた（『小右記』）。道長は、敦成《あつひら》を探して駆けつけたが、玄輝門《げんきもん》の下において出会い、心神を安んじている（『御堂関白記』）。

道長は実資に、「自分は先日、言ったことが有る。この時に当たって、思い出したところである」と意味深長なことを語った（『小右記』）。性急な内裏還御を行なおうとする三条の姿勢と、この内裏焼亡とを結び付けて語ったのであろう。なお、『百錬抄』では、世人が「世間滅亡の時」と言ったという。

この内裏焼亡については、娍子が参入した直後、そして妍子の参入を道長が停止させた直後であることから、道長一派による工作と考える向きもあるようである。しかし、内裏には東宮敦成もいるのであって、その生命をも危険にさらすことになる焼亡を、道長自身が望むはずはない。ただし、内裏焼亡が三条の精神状態に決定的な打撃をもたらすことも、疑いようのないところである。道長の意を迎えようとした愚かな連中が、後先も考えずにこの焼亡を起こしてしまった可能性も考えなければならないであろう。

道長はさっそく翌十一月十八日、この内裏焼亡を理由として、三条に譲位を責めたてた。三条は、「ただいまは閑《しず》かではない。よく思い定めて、あれこれ考えることとする」と答えている（『小右記』）。

三条は十一月十九日に再び枇杷殿に遷御し、同じ日、敦成も土御門第に移御《いぎょ》した。三条の遷御に伴う饗宴には諸卿が伺候することはなく、皆、敦成の許に参入してしまった（『小右記』）。道長の方は、三条の遷御の際には大雨であり、敦成が移御した時に雨が止み、天気が晴れたことを、嬉しげに記している（『御堂関白記』）。

三条天皇、譲位を受け入れ、敦明立太子を呑ませる

三条の目は一向に快復せず、十一月下旬には「暗夜《あんや》」のような状態となった。二十八日の官奏においても、道長は直盧において文書《もんじょ》を覧《み》ている。それは「摂政の儀と同じ」ものであった（『御堂関白記』）。十二月十日の陣中文《じんのもうしぶみ》においても、道長は摂政に准じたうえに、依然として一上（太政官首班）の儀をも行なっている（『小右記』）。

十二月に入ると、三条の病悩はますます重くなっていた。七日にはかなり重くなったようで（『御堂関白記』『小右記』）、道長は物忌をおして参内している。九日に資平が報告したところによると、風病のようなもので、顔面が赤くなっているという（『小右記』）。

しかし、三条の闘いは、この段階では、まだ終わってはいなかった。自分の譲位と引き替えに、敦明の立太子を道長に認めさせなければならなかったのである。

一方、頼通は十二月八日から頭痛と発熱に苦しんでいた。十日からは時行《じぎょう》（流行病）の疑いも出てきて、十二日には「万死一生」の状態となってしまった（『御堂関白記』『小右記』）。道長としてみれば後継者の一大事であり、また三条としても、ここで頼通の身にもしものことがあれば、せっかくの作戦が台なしになってしまう。

十二月十三日には、霊気《れいき》（物怪）が人に移って調伏《ちょうぶく》されたが、何と顕露《けんろ》したのは故帥《そち》（伊周《これちか》）の霊であった（『小右記』）。これで降嫁は沙汰止みということになった。頼通も父親譲りの怖がりということになるが、三条としては、自分と道長、また敦明と頼通との間のミウチ関係の構築に失敗したことになる。

これで最後の望みも潰《つい》えたと考えたのであろうか、十二月十五日、三条は道長に、明年正月に譲位を行なうということを申し出た。それに伴い、正月の除目を急ぐということ、また皇子女の元服や着裳《ちゃくも》、叙品《じょぼん》（親王の品位《ほんい》に叙すこと）や封戸《ふこ》（食封《じきふ》として指定された戸。封主は租《そ》・調《ちょう》・庸《よう》を収納した）、年官年爵《ねんかんねんしゃく》について、道長に依頼している。もはや三条は、譲位後の皇子女の待遇について第一に考えていたのであろう（『小右記』）。

　しかし、最大の問題が残されていた。新東宮の選定である。十二月二十四日、実資は道長の許を訪れて謁談《えつだん》した。譲位と東宮に話が及ぶと、道長は、「譲位の事は、早々に行なうべきであろう。李部宮《りほうのみや》（敦明）を東宮に立てられるべきである。あれこれ申すことはできない。ただし、あの宮には不都合な事が、甚だ多い」と語った（『小右記』）。

　敦明に対する道長の評価が、実資を通して三条の耳に入ることは、織り込み済みだったであろうが、この頃、時期は判然とはしないが、敦明を新東宮に立てることが決まったらしい。三条・道長の両者にとっても、全面勝利とは言えないまでも、とりあえずは自己の政治的要求は貫徹したといったところか。特に、目が見えずに政務を総攬《そうらん》できず、公卿層の支持も失なっていた三条にとっては、後見のない第一皇子を東宮に立てるというのは、十分に勝利を勝ち取ったと評価できるであろう。

　道長が十二月二十七日に陰陽師を召して譲位の日時を勘申《かんじん》させたところ、「正月二十九日」ということになった（『御堂関白記』『小右記』）。

第六章　栄華の絶頂

大極殿の高御座（イメージ復元模型。平城宮）。長和五年(1016)、後一条天皇の即位式において、国母となった彰子と摂政道長が高御座に登った

長和《ちょうわ》五年（一〇一六）、道長《みちなが》にとっては、東宮敦成《とうぐうあつひら》親王の即位（後一条《ごいちじょう》天皇）、それに伴う自らの摂政《せっしょう》就任と、まさに「我が世」の到来であった。

残る問題は、将来における後一条（この年、九歳）の元服とキサキ、そして三条《さんじょう》天皇退位と引き替えに東宮となった三条皇子《おうじ》敦明《あつあきら》親王（二十三歳）の存在だけであった。

寛仁《かんにん》元年（一〇一七）の三月、早くも道長は摂政を辞し、内大臣《ないだいじん》に上った嫡男の頼通《よりみち》にそれを譲った。この後も道長は、「大殿《おおとの》」と呼ばれて権力を行使し続けることになる。

一方、この年の四月から時行《じぎょう》（流行病）に冒された三条院《さんじょう》は、五月に崩御《ほうぎょ》した。その結果、敦明は八月、東宮の地位を降りるという意思を表明した。それを承《う》けた道長は、すぐさま彰子《しょうし》所生の敦良《あつなが》親王を新東宮に立てた。道長は新年の後一条元服の加冠《かかん》（冠をかぶせる役）を勤めるため、年末に太政大臣《だいじょうだいじん》に任じられている。

いよいよ寛仁二年、道長の栄華が頂点を極めた。元服させた後一条に四女の威子《いし》を入内《じゅだい》させ、中宮《ちゅうぐう》に立てたのである。その本宮の儀の穏座《おんのざ》（二次会の宴席）において詠まれたの

が、有名な「この世をば」の歌である。

後一条天皇の践祚

ついに長和五年（一〇一六）、道長が権力の頂点に立った。これまで政権の座にあったとはいっても、それはあくまで内覧《ないらん》兼一上《いちのかみ》（太政官《だいじようかん》首班）として、時の天皇や公卿《くぎよう》層との間で協調と妥協、そして抗争を繰り広げながら、政権運営を続けてきたに過ぎないのであった。

ところが摂政となると話はまったく異なる。それは天皇が行なう最も基本的な三つの「セイジ」、すなわち聖事（祭祀）、政事（政務や儀式）、性事（皇嗣づくり）のうち、政事（マツリゴト）を幼少の天皇に代わって行使することを意味する。摂政の命は天皇と同じく詔勅《しようちよく》と称され、まさに天皇大権を代行することになるのである。特に人事決定権を一手に握れるということは、その権力を万全のものとした。

とりわけ道長の場合、天皇が自己の外孫《がいそん》であるという外祖父《がいそふ》摂政《せつしよう》であり（実は平安時代を通じて、外祖父摂政は清和《せいわ》朝の良房《よしふさ》、一条《いちじよう》朝の兼家《かねいえ》、そして後一条朝の道長と、三例しか見られない）、しかも天皇と摂政とを結ぶ国母《こくも》（彰子）はまだ存命しており、政治に口を出すことも多い天皇の父院《ちちいん》（一条）は崩御しているという、およそ考えられる限り最高度のミウチ的結合を実現したのである。

正月六日の叙位《じょい》、八日の女叙位《おんなじょい》は、道長は自分の直廬《じきろ》において行なっているが（『小右《しょうゆう》記《き》』『左《さ》経記《けいき》』）、気分はすでに摂政だったことであろう。

正月十三日、道綱《みちつな》以下の諸卿は道長の小南第《こみなみてい》に集まり、三条天皇の譲位、および敦成《あつひら》親王の即位についての雑事《ぞうじ》を定めた。寛平《かんぴょう》（醍醐《だいご》天皇）・延長《えんちょう》（朱《す》雀《ざく》天皇）・天慶《てんぎょう》（村上《むらかみ》天皇）・安和《あんな》（円融《えんゆう》天皇）の即位時の日記を参照して定められた結果は、斉信《ただのぶ》・公任《きんとう》・行成《ゆきなり》が定文《さだめぶみ》として執筆《しゅひつ》した（『御《み》堂関白記《どうかんぱくき》』『小右記』『左経記』）。

道長は、「これらの公卿たちは、現在の身分の高い人々である。このように自ら執筆なさるというのは、お互いに年来の芳志《ほうし》が甚だ深いからである。この時に臨んで、悦《よろこ》びとした思いは、極まり無かった」と感激している（『御堂関白記』）。

正月二十五日には、三条の譲位に伴う固《こ》関《げん》・警固《けいご》の儀が行なわれたが、上卿《しょうけい》を勤めた右《う》大臣《だいじん》の顕光《あきみつ》が違《い》例《れい》を犯し、道長はこれを罵《ば》倒《とう》した。「今回は上卿辞退を仄《ほの》めかしたのに、それに気付かずに無理矢理に上卿を勤め、多くの失態を演じて諸卿に笑われるとは、大馬鹿の中の大馬鹿である（原文は「至《し》愚《ぐ》之又至愚也。」）」というのが、その言葉である（『小右記』）。外孫の践祚に向けて、道長の神経も張りつめていたのであろう。

そしていよいよ、敦成が皇位に就く日がやってきた。正月二十九日のことである。土御《つちみ》門第《かどてい》において敦成が皇位に即き（後一条天皇）、道長は待望の摂政に拝された（『御堂関白記』『小右記』『左経記』）。これからしばらく、道長の望月《もちづき》への道が続くことになる。

正月三十日、道長に随身《ずいじん》を給うという勅書《ちょくしょ》が下されたが、その際、まず母后《ぼこう》（彰子）に申し、次いで上卿に命じたという作成過程（『小右記』）が、この政権の性格をよく物語っている。

二月一日には後一条の即位を奉告《ほうこく》する伊勢《いせ》奉幣使《ほうべいし》の発遣《はっけん》を行なうため、道長は多くの公卿を引き連れて八省院《はっしょういん》（朝堂院《ちょうどういん》）に出向いた。本人は、「天皇の行幸《ぎょうこう》が行なわれない時に、未だこのように公卿が八省院に付き従ってくれるという儀はなかった。これは私が八省院に参ったことによるものである」と感激しているが（『御堂関白記』）、摂政であるから当たり前の話である。なお、道長はこの後、大極殿《だいごくでん》の北にある小安殿《しょうあんでん》の北の石階で倒れ臥し、表袴《うえのはかま》を汚損している（『小右記』）。

ともあれ二月七日には、後一条の即位《そくい》式《しき》が大極殿で行なわれ、太后《おおきさき》（彰子）が高御《たかみ》座《くら》に登った（『御堂関白記』）。後一条を挟んで、西の幔《まん》（垂れ幕）の内に彰子の座、東の幔の内に道長の座が設けられたが（『小右記』）、長女・外孫と三者で並んで百官《ひゃっかん》を見降ろした道長の感激は、想像に余りある。

続いて二月十九日に斎宮卜定《さいぐうぼくじょう》の儀を迎えたが、ここでも上卿を勤めた顕光は、卜定の結果を神祇官《じんぎかん》にではなく、弁官《べんかん》に伝えてしまった（『御堂関白記』『小右記』『左経記』）。道長は、「老愚《ろうぐ》の者である。今になって出仕《しゅっし》してきても、何事が有るというのか」と罵倒している（『小右記』）。

また、『尊卑分脈《そんぴぶんみゃく》』では道長の妾ともされる藤原為光《ためみつ》五女が、この頃、懐妊している。道長ほどの権力者であっても、正式な妻は源倫子《りんし》と源明子《めいし》しか確認できず、この女性とも日常的な夫婦関係にあったわけではない。実資《さねすけ》は四月二十四日にこれを聞き、「あの五女は宦事《かんじ》の者（女房《にょうぼう》）である。言うに足りない」と感想を記している（『小右記』）。

糖尿病を心配する

ところで、道長の病悩《びょうのう》の方は、終わることはなかった。五月十日に道長の主宰した法華《ほっけ》三十講《さんじっこう》に招請《しょうせい》された頼秀《らいしゅう》は、講説《こうぜち》の間の道長の様子を実資に密語した。「中間で必ず簾中《れんちゅう》に入っていたのは、もしかしたら水を飲んでいたのか。紅顔が減じ、気力は無い。慎しまなければならないようである。死期は遠くないのではないか」と。これを聞いた実資は、「朝廷の柱石《ちゅうせき》として、最も惜しむべきである」と嘆いている（『小右記』）。道長に対する実資の評価は、案外に高いのである。

　道長が翌五月十一日に実資に語った弁によると、「三月から頻《しき》りに水を飲む。特に最近は昼夜、多く飲む。口が乾いて力が無い。但し食事は通例から減らない」ということであった（『小右記』）。当時、多くの貴族を死に至らしめた飲水病《いんすいびょう》（糖尿病）を想定していたのであろう。

　五月十八日になると、実資の許を訪れた公任が、「心神《しんしん》は通例に快復した。水を飲むことはすでに留めている。けれども枯槁《ここう》（痩《や》せ衰えること）した身体は、未だ尋常のようではない」という道長の言葉を伝えた。その後、心誉《しんよ》律師《りつし》は、「故大僧正《だいそうじょう》観修《かんしゅう》（道長が帰依《きえ》していた僧）などの僧たちが夢で言ったことには、『摂政（道長）は、今年は大した事は無いだろう。明年は必ず死ぬ』と言っていた」と伝えてきた。その理由は、「種々の善事に依って、無理に今年まで生き長らえたが、明年に至ったら必ず死ぬ」というものだったとのことである（『小右記』）。

　道長の寿命について、実資の周辺が云々しているのである。道長の薨去《こうきょ》という事態は、善かれ悪しかれ公卿社会に大きな影響を及ぼすものだったからである。

六月十日には、道長と倫子が三宮《さんぐう》に准じて年官年爵《ねんかんねんしゃく》と封戸《ふこ》三千戸を賜わった（『御堂関白記』『小右記』）。

七月二十日、土御門第が大火で全焼した。道長は、慌てて氏長者《うじのちょうじゃ》のシンボルである朱器《しゅき》と、文殿《ふどの》の書籍・文書《もんじょ》を取り出させている。翌日からは実資をはじめとする諸卿が続々と見舞いに駆けつけ、二十四日からは諸国の受領《ずりょう》たちが、連日、見舞いに訪れている。この年の相撲節会《すまいのせちえ》（毎年七月、宮庭において諸国より徴した相撲人《すまいびと》が行なう相撲を天皇が観覧する儀式）は道長邸の焼亡によって取りやめとなったというのは（『御堂関白記』）、道長の権力を考えるうえで重要である。もちろん、すぐさま造営《ぞうえい》が行なわれている。その造営過程においては、実資を憤慨させる事態が次々と起こっているのであるが、それはその都度述べることとしよう。

九月二十四日、今度は三条院が御在所《ございしょ》としていた枇杷殿《びわどの》が焼亡した（『御堂関白記』『日《に》本紀略《ほんきりゃく》』）。さすがに道長も考えたところがあったのか、「私のことを宜《よろ》しくないと思う人が有るのであろうか。連々、このような放火《ほうか》が有る」と記している（『御堂関白記』）。この放火が、七月二十日の道長の土御門第の焼亡と関連があるのかどうかは、不明である。

なお、九月二十八日には、後一条のいる一条院内裏《いちじょういんだいり》の方が放火に遭っている（『御堂関白記』）。

十二月七日に至り、道長は上表《じょうひょう》して、摂政は元のとおりとしたうえで左大臣《さだいじん》を停任《ちょうにん》された。ということは、この一年ほどは摂政と左大臣を兼ねていたことになり、太政官《だいじょうかん》掌握に対する道長の意欲が窺える。

三条院の崩御

寛仁元年（一〇一七）の二月二十七日、道長は十年ぶりに浄妙寺《じょうみょうじ》に参詣し、亡父母（兼家・時姫《ときひめ》）と女院《にょういん》（詮子《せんし》）の墓に参っている（『御堂関白記』）。頼通への摂政委譲の布石とされる。

翌二月二十八日、頼通を内大臣《ないだいじん》に任じることを定め、三月十六日には、道長が摂政を辞し、二十六歳の頼通に摂政を譲った（『御堂関白記』）。それは摂関家《せっかんけ》という家格の形成の端緒であった。これも道長が末子であったことによって、弟に権力を伝えずに済んだという幸運によるものである。官職秩序から自由となった道長は、この後も「大殿《おおとの》」「太閤《たいこう》」などと呼ばれ、摂政頼通を上まわる権力を行使し続けることになる。

この前後、疫病《えきびょう》が蔓延《まんえん》していたが、三条院もそれに罹《かか》った。四月二十一日に病悩しているとの知らせが届き、道長は何度も見舞いに出かけているが、たいていは、「重いとはいっても、大した事はないようであった」と判断して退出している（『御堂関白記』）。五月九日の深夜、三条はすでに不覚《ふかく》（人事不省《じんじふせい》）となった。道長は臨終に際して、御前に伺候《しこう》することなく、「ただ今、無力《むりょく》でいらっしゃいます」という言葉を聞くや、地面に降りた。そして三条が崩御した後に退出している（『御堂関白記』）。

五月十二日に行なわれた葬送では、道長は、きわめて手際よく準備を行なったものの、葬送には供奉《ぐぶ》しなかった。「志が無かったわけではない。身に任せなかったのである」とのことである。なお、道長は翌年の三条の周忌法要の際にも、「私は病悩していたので、自らは参らなかった。嘆き思うことは、少なくなかった」と記している（『御堂関白記』）。

この年の六月から七月にかけて、三日二夜、降りつづいた大雨によって、ついに七月二日に鴨川の一条以北の堤が決壊し、大洪水となった。この水害は地方にも及んだようであるが、実資は、「今年は種々の災害が有る。王化《おうか》が及ばないからか。それともこれは摂政（頼通）の不徳であろうか」と嘆いている（『小右記』）。道長と頼通への眼差《まなざ》しが窺えよう。

東宮敦明の遜位と敦良の立太子

三条の崩御によって、最も大きな影響を受けたのは、言うまでもなく東宮の敦明親王であった。もともと敦明の立太子《りったいし》は、三条と道長との間の妥協の産物であったが、その三条がいないとなると、敦明の権力基盤は、きわめて脆弱《ぜいじゃく》なものとなったのである。しかも、本人に皇位への執着がなく、その外戚《がいせき》（通任《みちとう》や為任《ためとう》）も姻戚《いんせき》（顕光）も頼りにならず、道長が後一条の弟である敦良《あつなが》親王（一条天皇第三皇子）の立太子を望んでいることが自明である以上、敦明が東宮の地位から降りることは、時間の問題であった。

敦明が東宮の地位を辞めたがっているという情報は、八月四日に、道長の四男である能《よし》信《のぶ》からもたらされた（『御堂関白記』）。本当に敦明が東宮からの遜位《そんい》を計画していたのかどうかは、この際、問題ではない。

八月六日、敦明と道長との会談が行なわれ、敦明の遜位が決定した。後に敦明生母の娍《せい》子《し》は、敦明が自分に相談することなく、気軽に外に漏らしたことを咎《とが》め、「これは本意ではないから、さっそく大殿に申されよ」と語っている（『立坊部類記《りつぼうぶるいき》』所引『権記《ごんき》』）。また、後に道長が実資に語ったところによると、敦明が語った遜位の背景は、「自分には輔佐する人が無い。春宮坊《とうぐうぼう》については、有って無きがごときものである。院（三条）が崩御した後は、ますますどうしようもなくなった。東宮傅《とうぐうふ》（顕光）と春宮大夫《とうぐうだいぶ》（斉信）は仲がよくない。まったく自分のために無益にしかならない。辞遁《じとん》するに越したことはない。そうすれば心閑《しず》かに休息できよう」というものであった（『小右記』）。

　道長は敦明と会談した六日のうちに、彰子に報告を行なった。「皇太后宮《こうたいごうぐう》（彰子）のご様子は、云うべきではない」というのは（『御堂関白記』）、いまだに敦康《あつやす》の立太子を望んでいた彰子の対応（おそらくは怒り）を指しているのであろう。

　この日、行成は敦康の許を訪れている（『立坊部類記』所引『権記』）。いったい行成は、敦康と何を相談したのであろうか。

　実資の方は、この日になってこの情報を知り、奇怪なことと驚いている（『小右記』）。源経頼《つねより》も同様に、この日に敦明や道長家の詳細な動きを伝え聞いている（『左経記』）。これほど早くに、公卿たちの間を情報が駆けめぐるとなると、宮廷社会においては、敦明の遜位というのは、近い将来に起こり得る事態として認識されていたのであろう。

　そしてそれは、ほとんどの人々にとって、宮廷社会の安定をもたらすものとして、歓迎されていたはずである。敦明が即位した際に起こりそうな、道長（あるいは頼通）と敦明との軋轢《あつれき》、また顕光と道長家との政治抗争、あるいは道長も顕光も薨去した後の、外戚のいない天皇（顕光の息男は、一人は早世、一人は出家している）と、その天皇とミウチ関係のない関白《かんぱく》（頼通あるいは教通《のりみち》）とのぎくしゃくした関係など、誰も望んではいなかったはずである。それくらいなら、道長家の栄華の方が、まだマシであると考えたであろう。

ちなみに行成は、かつて競馬行幸《くらべうまぎょうこう》の日に諸皇子と同列に並んでいた敦明を見て、「その容姿は普通の人と異なるところはなく、竜顔《りょうがん》は無かった」と記している（『立坊部類記』所引『権記』）。かつて初めて敦成《あつひら》の面貌を見た際に、「王骨《おうこつ》有り」という感想を記している行成であればこそ（『権記』）、その差異は際立っていたのであろう。

八月七日、公卿が多く道長の許に集まり、九日に敦良《あつなが》が立太子することが決定した（『御堂関白記』、『立坊部類記』所引『権記』、『左経記』）。敦良は後に後朱雀《ごすざく》天皇となり、結果的に皇統を嗣いでいくことになる。これで道長家の永久政権への道が開けたことになる。

「まことにこの栄花よ」

さて、八月十八日、道長は頼通の命を無視して、休日に仁王会定《にんのうえさだめ》を行なおうとした。実資は、「後々の事は、大殿（道長）の意向を得て、あれこれしなければならない。すべての事は、摂政（頼通）は自由にし難い」と記している。なお、当日、内裏《だいり》に犬の死穢《しえ》が起こり、仁王会定は延期されたが（『小右記』）、これははたして偶然であろうか。

八月二十一日には、新東宮敦良が慶賀のために参内《さんだい》し、彰子に謁見《えつけん》した（『御堂関白記』、『立坊部類記』所引『権記』、『小右記』）。公卿たちは快く御前の儀を見るために、紫宸殿《ししんでん》に到って格子から窺い見た。一歳違いの天皇と東宮の対面を観望《かんぼう》した者は皆、次のように語り合ったという（『立坊部類記』所引『権記』）。

一家の栄花《えいが》は、古今に比べようが無い。未だ前生《ぜんしょう》（前世）で何の善根《ぜんこん》を植えたのかを知らない。まことにこの栄花よ。

八月二十三日になって、東宮敦良に壺切御釼《つぼきりのみはかし》が移された。代々の御物《ぎょぶつ》であるこの釼を、道長は敦明には渡さずに、内裏に保管していたのである（『御堂関白記』『小右記』『左経記』）。

八月二十八日から始まった除目《じもく》では、道長はわざわざ宇治別業《うじのべつぎょう》に赴いて朝議《ちょうぎ》に関わらないことを表明していたのだが、頼通は使者を宇治に遣わして、道長に除目について問い合わせた（『御堂関白記』『小右記』）。実資は、「人々は感心しなかった。かえって摂政の為に鳴滸《おこ》（愚か）のこととなる」としたうえで、「（頼通の）直廬での作法は夢のようなものであった。衆人は目や耳を側《そば》だてた」と批判し、不参《ふさん》した（『小右記』）。

実資の道長への非難は続く。九月一日に行なわれた受領功過定《ずりょうこうかさだめ》では、道長の近習《きんじゅう》である前信濃守《さきのしなののかみ》藤原公則《きんのり》の功過について、難点があったにもかかわらず、公卿たちは目を見合わせ、口を閉ざした。実資は、「公卿の定はまったく無益であり、散楽《さんがく》（朝廷の雅楽《ががく》に対する民間の即興芸）に異ならない」、「泥のようであって、公事《くじ》（儀式）ではない」と、言葉をきわめて批判している（『小右記』）。

道長は九月二十二日から多数の公卿や官人を引き連れ、家のように立派な舟に乗って石《いわ》清水詣《しみずもうで》に出かけたが、実資は従った公卿を、「恥を捨てて追従《ついしょう》した」と批判している。翌二十三日に競馬が行なわれ、勝者方の公卿、および人々には衣の纏頭《てんとう》（歌舞・演芸をした者に褒美として衣類などの品物を下賜すること）が行なわれたが、実資の得た情報では、道長および頼通の随身でなければ纏頭しなかったとある（『小右記』）。

一行は九月二十四日早朝に出立し、舟に乗って淀川を渡った。その時、遊女《あそびめ》が数舟、やって来たので、道長や公卿・殿上人《てんじょうびと》、それに倫子もまた、これに纏頭した（『御堂関白記』）。なお、下人の乗った船が覆没《ふくぼつ》して、溺死者多数が出たということである（『小右記』）。

十月三日には、春日祭使《かすがさいし》に定められていた藤原公成《きんなり》が祭使を辞そうとした。頼通はこれを許さなかったが、五日になって道長の指示によって改替《かいたい》と決まった。実資は、「摂政の政は、一人《いちのひと》（摂政）の最《さい》（職務）ではないようである。疑いが有る事は、やはりまず太閤（道長）に申されるべきであろうか。甚だ都合が悪い」と嘆いている（『小右記』）。

さて、長和四年に道長が実資を宇治に誘って断わられた際に、実資は、「桂《かつら》のような所ならば命に随おう」と風聞させるために、わざわざ近習の公卿に語っている。それを承《う》けて、道長はこの年の十月十一日に実資を桂に誘い、十二日、実資は、「希有《けう》の命に依って」、物忌《ものいみ》を破って桂に同行した。屋形船《やかたぶね》二艘と橋船《はしぶね》を連ねた一行は、船中で酒を飲み、桂山《かつらのさん》荘《そう》に到った。やはり実資は、「頗《すこぶ》る軽々である」と批判している（『小右記』）。

十一月に入ると、道長は十日に二条第《にじょうてい》に移った（『御堂関白記』『小右記』）。実資をはじめ公卿たちは、憚《はばか》りが有るにもかかわらず、渋々新宅《しんたく》の儀に参入したが、道長が参入を勧めたのは、実は公任のみであった。実資は、「現在の大殿（道長）の尊貴《そんき》は帝王に異ならない。誰が謗難《ぼうなん》できようか」と記している（『小右記』）。

十一月十五日の除目においても、頼通は家司《けいし》の藤原惟憲《これのり》を何度も道長の許に遣わし、その指示を仰いでいた。その惟憲は、往還の間に人々に除目について漏れ談《かた》っていたという。この情報を実資に伝えた資平《すけひら》は、「去夕の除目は、散楽のようであった」と語り、実資は、蔵人《くろうど》でもない者が除目に関わったのは未曾有《みぞう》のこととして、「世の陵夷《りょうい》（いい加減な様）は、現在のごときはない」と、怒りを露《あら》わにしている（『小右記』）。また、八月二十一日に行成から中納言《ちゅうなごん》に任じるべき人について問われた頼通も、「大殿には別に御意向が有るようである。自分はまったく理非《りひ》を申してはならないのである」と答えている（『立坊部類記』所引『権記』）。

　東宮の地位を降りた敦明と道長三女の寛子《かんし》との結婚は、十一月二十二日に行なわれた（『御堂関白記』『小右記』）。寛子が倫子所生の女ではなく、明子所生であるところには注目しなければならないが、これで敦明は道長家の婿として顕光と延子《えんし》、および二人の子を捨て、顕光の堀河院《ほりかわいん》を出て、至近にある近衛御門《このえみかど》（高松殿《たかまつどの》）に入ったのである。これで後に顕光は、悪霊として道長家に祟《たた》ることになる（『小右記』によれば、すでに二人の結婚以前から延子の髪を切って厭物《まじもの》とし、御幣《ごへい》を捧げて呪詛《じゅそ》を行なっているが）。

　実資は重服《じゅうぶく》中の婚礼を、「弾指《だんし》すべきである」と批判しているが、十一月二十三日に道長から馬を贈られると、「この馬は、甚だ良い馬である」と喜んだりしている（『小右記』）。

十一月二十五日には賀茂行幸《かもぎょうこう》が行なわれたが、道長は翌二十六日、行幸行事《ぎょうじ》の実資に、その功を賞している。一方で、行幸に供奉しなかった者への勘気《かんき》（怒りや咎め）は大きく、そいつらを解却《げきゃく》（官位を免じること）するとか、明春の除目には申文《もうしぶみ》を進上させないなどと言い出した（『小右記』）。

翌十一月二十七日、明春に後一条の元服を行なうというので、その加冠を勤める道長を太政大臣に任じることが決まった。その宣旨《せんじ》は摂政頼通が訪れて伝えた。道長は、「未だ昔にはなかった事である。この事は、多くは内裏において天皇の仰せを承《うけたまわ》った。里第《りてい》に来向して、摂政が自ら仰すというのは、甚だ希有なことである。私は世間《せけん》の事を退いたとはいっても、天道《てんどう》の授けたことは、辞退すべきではない」と感激している（『御堂関白記』）。

十二月四日には、道長の任大臣大饗《にんだいじんだいきょう》が開かれた（『御堂関白記』『小右記』）。淵酔《えんすい》した道長は、実資の随身を近衛府《このえふ》の下級官人である府生《ふしょう》に任じると言い出した。実資は、「これは御興言《きょうげん》か」と思いながらも頼通に伺いを立てると、頼通は、「申請もしていないうえに身は京外《きょうがい》にいる。まったくとんでもない」と取り合わない。六日に実資が道長に申してみると、道長も、「申請もしていない者は、任じるわけにはいかない」と答えた（『小右記』）。

酔いが醒めて考え直したのか、頼通に言い含められたのか、それとも覚えていなかったのであろうか。

四女威子が後一条天皇に入内

いよいよ寛仁二年（一〇一八）、道長の栄華が頂点を極めた。それは外孫である後一条天皇を元服させたうえで、これに四女（倫子が産んだ子としては三女）の威子《いし》を入内《じゅだい》させ、中宮に立てるという手順で行なわれた。

正月三日、後一条の元服の儀が行なわれた（『御堂関白記』、『天皇御《てんのうご》元服記《げんぷくき》』所引『権記』、『台記《たいき》別記《べつき》』所引『小右記』）。太政大臣として道長は加冠を勤めたが、それは兼家が一条元服の加冠を太政大臣として勤めた先例にならったものである。

上機嫌の道長は、正月二十四日、実資のために「吉夢《きちむ》」を見たことを密かに告げている。「この事は、他言したならば、人は必ず思うところが有るだろう」ということで（『小右記』）、昇進に関わるものであろうことは、言うまでもない。公卿社会を円滑に運用するため、こういった情報操作によって、人心を掌握しようとしていたのであろう。実資は、恐縮し悦《よろこ》んでいることを申している（『小右記』）。

無事に後一条元服の儀を終えた道長は、「一人《いちにん》（天皇）に師範《しはん》」する地位で、「其の人無くば則ち欠けよ」と規定された人臣最高の官である太政大臣にも固執する気はなかった。二月三日、五日、九日と辞表《じひょう》を奏聞《そうもん》している。もはや道長の権力は、律令官制などに規定される範囲を超えていたのである。九日の第三度上表では、辞表受理の作法に関して、頼通に指示を出していることも興味深い（『御堂関白記』）。

三月七日には、威子が予定どおりに入内し、四月二十八日に女御宣旨《にょうごせんじ》を蒙《こうむ》った（『御堂関白記』『小右記』）。

この間、四月九日から胸病《きょうびょう》を患《わずら》っているが、「一日中、病悩していた。特定の箇所というわけでは無く、心神《しんしん》の具合が不覚であって、どうしようもなかった」というのは（『御堂関白記』）、かなりの重病を思わせる。

当然のことのように、種々の邪霊《じゃれい》が現われた。まとめて述べると、閏《うるう》四月十六日には叫ぶ声が甚だ高く、邪気《じゃき》（物怪《もののけ》）のようであったとされているが、二十日には邪気が人に移ったものの、名を称さなかった。ただし、その様子は故二条相府《にじょうしょうふ》（道兼《みちかね》）の霊のようであったという。五月一日には前年に崩じた「三条《さんじょう》院の御霊」が出現したとの噂が駆けめぐった。六月二十二日には寛弘八年に長斎《ちょうさい》を行なったものの参詣しなかった金峯山《きんぷせん》の託宣《たくせん》が下り、二十四日には道長の病は顕光の二女である延子（敦明の妃《ひ》）の呪詛による貴布禰《きぶね》明神《みょうじん》の祟りであるとの噂も出た（『小右記』）。

興味深いことに、公季《きんすえ》や実資・斉信・公任・行成が見舞いに訪れた際には、道長は対面しているのに、閏四月二十七日に顕光が訪れると自らは会わずに、頼通に面会させている（『御堂関白記』）。顕光の呪詛の評判は、すでに耳に届いていたのであろう。実資も、諸卿がしきりに見舞っているというので二十六日に見舞ったのであるが、その時に道長が語った病状は、「昨日から飲食は通例のようである。しかし枯槁は、いよいよ倍した。無力は特に甚しい」というものであった（『小右記』）。

ただし、道長は、四月二十一日には賀茂詣《かももうで》を行なうなど、常に病床にあったわけでもなかった。二十八日には新造内裏への遷御《せんぎょ》が行なわれ（『御堂関白記』『小右記』）、まさに道長の世に相応《ふさわ》しい舞台が整えられたのである。

また、実資は道長賀茂詣の記事で、「大殿」という語に注を付けている。「謂《い》うところの大殿は、これは前摂政である。世に大殿と号している」というものである（『小右記』）。

この年は旱魃《かんばつ》に襲われたが、六月四日に実資が道長の許を訪ねると、道長は旱魃を深く嘆いていた。ただし、この日、諸国の受領が、「租税は納められないが、大殿・摂政殿の一家の事だけは奉仕します。その他の公卿の事は一切、承り行なうことができません」などと言ってきている（『小右記』）。

一家三后

さて、長和五年（一〇一六）に焼亡した土御門第の造営は、着々と進んでいた。道長は、長和五年に十一回、寛仁元年に十九回、寛仁二年に三十回と、建設現場に赴いて、頻繁に造営を検分している（『御堂関白記』）。よほど建築の様子を見るのが好きな人だったのであろう。

この造営には、諸国の新旧受領に寝殿《しんでん》の柱間《はしらま》一間ずつの造営を割り充てるという、内裏造営と同じ方式を採っている。実資は、「未だ聞いたことのない事である。造作の過差《かさ》は、以前に万倍している」と批判した（『小右記』）。道長としてみれば、天皇の内裏と自分の土御門第という公私の別は、それほど厳密に認識していなかったのである。

庭の造作にあたっても、連日、数百人の人夫が市中で巨石を引いたり、民家に乱入して戸や支え木を外して敷板やコロに使ったり、田の用水を庭の池水として引き入れたりして、「嗟乎《ああ》、稲苗《とうびょう》が死ぬのを思わないのか」と実資を憤慨させている（『小右記』）。

新造土御門第への移徙《わたまし》（住居を移動すること）は、六月二十七日に行なわれた。源頼光《よりみつ》が家具調度のいっさいを献上し、その品々を見るために人垣ができたというのは、この時のことである。実資も見物に出かけ、調度の色目《しきもく》を詳しく記したうえで、「現在の太閤の徳は帝王のようである。世の興亡は、ただ自分の心にある。その志は呉王《ごおう》と同じである」と慨嘆している（『小右記』）。なお、六月十二日に頭に熱物《ねつもつ》を患った道長は、二十日条以降、『御堂関白記』を記しておらず、彼自身の感慨を窺い知ることはできない。

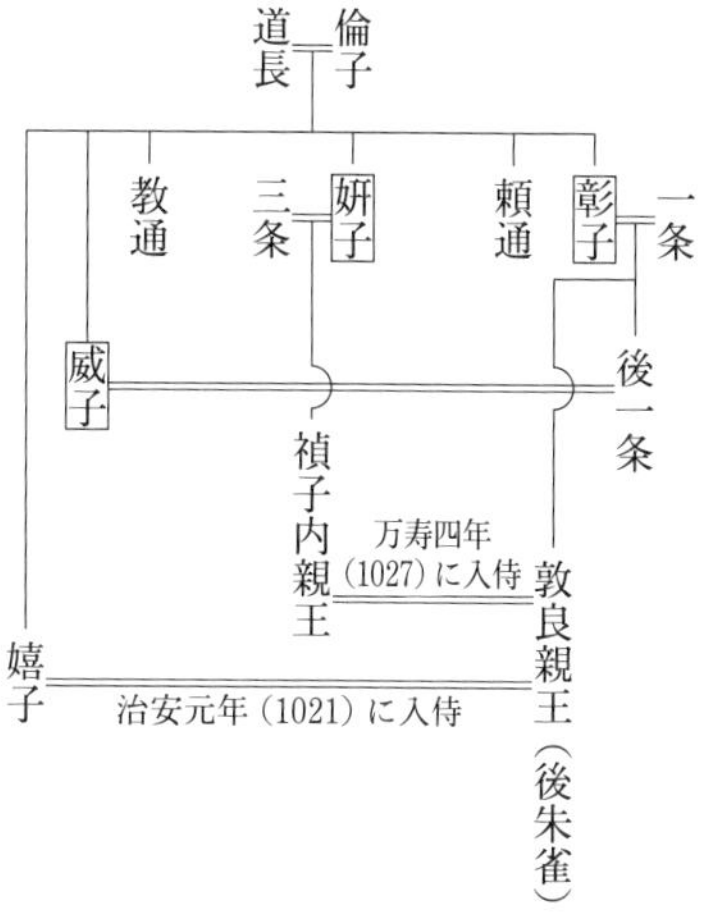

図4　一家三后（□は天皇の中宮となった道長の女）

舞台装置が整った後、七月二十八日に威子の立后《りつごう》が決定した（図4参照）。この日、彰子が早期の立后を発議《はつぎ》している。道長は、「宮（彰子）がいらっしゃるのに、私から言い出すのは、恐れ多いことでございます」という理由で、これまで言い出さなかったのであるが、彰子は、「まったくそのような事はございません。同じ様な前例も有るのですから、慶《よろこ》びに思うべきでしょう」と応え、積極的な頼通の意見もあって、立后が決まった(『御堂関白記』)。

この後、道長は急に酒宴を思い付いた。公卿全員に禄を与えた道長は、右大臣で叔父にあたる公季の禄は自ら手渡し、「子孫が栄えるというのは、堪え難いほど有り難いことである」などと興言したところ、「右府《うふ》(公季)はその言葉を聞いて面白がった(原文は、「興《きょう》の気色《けしき》有り」)」と勝手に思い込んでいる(『御堂関白記』)。かつて女《むすめ》の義子《ぎし》を一条の女御に入れていた公季は、どのような気持ちでこの言葉を聞いていたのだろうか。

「この世をば」を詠む

そして十月十六日がやって来た。立后の儀式が終わり、土御門第において行なわれた本《ほん》宮《ぐう》の儀の穏座《おんのざ》(二次会の宴席)のことであった。『御堂関白記』には、賜禄《しろく》の儀の後、「私は和歌を詠んだ。人々は、この和歌を詠唱《えいしょう》した」としか記されていない。

しかし、実資が珍しくこの宴に参列し、この歌を記録した『小右記』の記事が散逸《さんいつ》せずに広本《こうほん》(抄略《しょうりゃく》せずに原本を多く伝えた写本)で残っているおかげで、道長が歌を詠んだ経緯や、摂関期という時代を象徴するこの歌が今日まで伝わっているのである。

太閤《たいこう》（道長）が下官《げかん》（実資）を招き呼んで云ったことには、「和歌を詠もうと思う。必ず和《わ》すように」ということだ。答えて云ったことには、「どうして和し奉らないことがありましょう」と。また、云ったことには、「誇っている歌である。但し準備していたものではない。この世をば我が世とぞ思ふ望月の欠けたる事も無しと思へば（この世を我が世と思う。望月が欠ける事も無いと思うので）」と。私が申して云ったことには、「御歌は優美《ゆうび》です。酬答《しゅうとう》することもできません。満座《まんざ》がただ、この御歌を誦《ず》してはどうでしょうか。元稹《げんしん》の菊の詩に、白居易《はっきょい》は和すことなく、深く賞嘆《しょうたん》して、一日中、吟詠《ぎんえい》しました」と。諸卿は私の言葉に響応《きょうおう》して、数度、吟詠した。太閤は許してくれて、特に和すことを責めることはなかった。

一般には、実資が道長の拙《つたな》い歌に和す気になれなかったとか、傲《おご》りたかぶった道長の態度に嫌気がさして和さなかったとか考えられているようであるが、『小右記』を虚心《きょしん》に読むかぎりでは、別にそういったわけではなさそうである。

このような慶事の後であるが、翌十月十七日に行なわれた中宮饗饌《きょうせん》においては、道長は実資に、目がよく見えないことを嘆いている。「近くはつまり、汝《なれ》（実資）の顔も特に見えない」と。実資は、「晩と昼とでは如何《いかが》でしょう」と聞いたが、道長は、「黄昏・白昼によらず、ただ特に見えないのである」と答えている（『小右記』）。確実に望月は欠け始めていたのであるが、道長がそれを自覚するのは、かなり後のことだったであろう。

十月二十二日には後一条の土御門第行幸と三后《さんこう》（彰子・妍子《けんし》・威子）・東宮敦良《あつなが》の対面が行なわれた。倫子や六女（倫子所生では四女）の嬉子《きし》、禎子《ていし》内親王も並んで坐した。それを眺めた道長は、「私は心地が不覚（人事不省）になるほど、生きてきた甲斐《かい》が有る者である。言語には尽くし難い。未曾有の事である」と、その感慨を記している（『御堂関白記』）。これは実際に道長が発した言葉であったようで、『小右記』に、「前太府《さきのたいふ》（道長）が云ったことには、『三后〈彰子・妍子・威子。〉が御座を並べ、泉を覧ている。主上《しゅじょう》（後一条）と儲君《もうけのきみ》（敦良）も同じくいらっしゃる。往古《おうこ》から、これに比べるものはなかったのではないか』と」と記されている。

その土御門第では法華《ほっけ》八講《はっこう》が予定されていた。道長は、左右大臣と実資を除く公卿に僧《そう》前《ぜん》（僧の食膳）を課していたのだが、十一月十二日、実資は奉仕を請おうとして、資平に道長の意を伺わせた。翌十三日に伝えられた道長の返事は、「上﨟《じょうろう》に申すのは便宜《びんぎ》がない。そこで消息を待っていたのである。甚だ善《よ》い事である」というものであった（『小右記』）。

十一月十五日、十二歳の嬉子を尚侍《ないしのかみ》に任じ、教通の女で五歳の生子《せいし》を御匣殿別当《みくしげどのべっとう》とした（『御堂関白記』『小右記』）。いずれも将来の入内を期した措置である。実資は、二人とも着裳《ちゃくも》の前の幼年であることに、「極めて奇怪な事である。近代の事は、また云うことができない」と不審がっている（『小右記』）。

そのようななか、十二月十七日、道長によってついに立太子することができなかった敦康が薨去した。年二十歳。『御堂関白記』にはその記述はなく、『小右記』に道長が実資に伝えた言葉として、「式部卿《しきぶきょう》敦康親王が未時《ひつじ》に薨《こう》じた」とのみ残されている。

こんなに早く薨じるのならば、一条や彰子の望んだとおり、敦康を先に立太子させておけば、皆はその霊に悩まされることなく、安穏にその後を過ごせたことであろうが、もはや手遅れであった。「この世をば」の年に敦康が薨じるというのも、何とも皮肉な巡り合わせである。敦康自身の思いは、残念ながら残されていない。

第七章　浄土への希い

法成寺と土御門第（平安京復元模型。京都市歴史資料館蔵）

前年から胸病《きょうびょう》と眼病《がんびょう》に悩まされていた道長《みちなが》は、寛仁《かんにん》三年（一〇一九）三月、ついに出家を遂げた。この年の四月には、刀伊《とい》（ツングース系の東女真《ひがしじょしん》族）の入寇《にゅうこう》が起こっているが、道長は『御堂関白記《みどうかんぱくき》』に何の記事も記していない。

寛仁四年三月には、無量寿院《むりょうじゅいん》（後の法成寺《ほうじょうじ》）阿弥陀堂《あみだどう》の落慶《らっけい》供養を挙行した。

治安《じあん》元年（一〇二一）二月には、嬉子《きし》が東宮敦良《とうぐうあつなが》親王の許に入侍《にゅうじ》した。これで嬉子が皇《おう》子《じ》を産めば、道長家の永遠の栄華が保証されるはずであった。

治安二年七月には、法成寺金堂供養が、天皇・東宮・三后《さんこう》が参列して行なわれた。現世の栄耀《えいよう》をきわめた道長は、これで臨終正念《りんじゅうしょうねん》を迎える場も準備し終えた。

治安三年には高野山参詣、万寿《まんじゅ》元年（一〇二四）には有馬温泉に湯治《とうじ》に出かけ、長谷寺《はせでら》に参詣しているが、これらが最後の遠出となった。

出家

寛仁三年（一〇一九）正月早々の十日、道長は胸病を患《わずら》い、前後不覚《ぜんごふかく》となった。十七日には一日中、辛苦し、自ら手足を打っている（『御堂関白記』『小右記《しょうゆうき》』）。

二月に入っても病悩《びょうのう》は治まらず、三日には霍乱《かくらん》のようになった。四日に麦粥《むぎがゆ》を食して具合は尋常に復したものの眼病《がんびょう》の方が発《おこ》り、六日には二、三尺を隔てた人の顔も見えず、手に取る物だけが見えるという状態となった。陰陽師《おんみょうじ》や医家《いか》が、「魚肉を食されよ」と勧めたので、道長は長々と言い訳を日記に記して、魚肉を食すこととした（『御堂関白記』）。

このような病悩の中にあっても、二月二十八日には嬉子の着裳《ちゃくも》の儀を執り行なうなど（『御堂関白記』『小右記』）、次代の権力構築には余念がなかった。

三月十八日には胸病が再び発り、邪気《じゃき》（物怪《もののけ》）が人々に駆り移った（『小右記』）。この十八日以降は、道長はほとんど日記を記録することもできなくなっている。

そして三月二十一日、道長はついに出家を遂げた。自身も腰病《ようびょう》を患っていた実資《さねすけ》は、慌てて駆けつけたが、すでに出家した後であった（『小右記』）。

出家の効用か、三月二十三日や二十四日、二十五日には、道長が平癒《へいゆ》したという報が、続々と実資の許に届けられた。二十九日には実資が道長の許を訪ねているが、実資は出家した道長を見て、「容顔は老僧《ろうそう》のようであった」という感想を記している。また、実資は道長に対し、「そもそも山林に隠居《いんきょ》するのではなく、一月に五、六度は竜顔《りようがん》（後一条天皇《ごいちじょう》）を見奉ってはどうか」と語っている（『小右記』）。

　実資とすれば、頼通《よりみち》一人に任せるよりも道長が権力を行使し続けた方が、宮廷の安定につながると考えたのであろう。この面談に関しては、四月二日になって、倫子《りんし》から、実資と道長の密談を悦《よろこ》んでいる（「悦気《えつき》有り」）という報せがあった（『小右記』）。

　このように、表面上は平穏に時が流れていくかのようであった時、敦明《あつあきら》の妃《ひ》であった顕《あき》光《みつ》二女の延子《えんし》が四月十一日に急逝した。実資は、「心労《しんろう》」によるものと記しているが（『小右記』）、やがて顕光と延子の霊が道長一家に襲いかかることになる。

　そのような折、四月十七日、大宰府《だざいふ》から刀伊の入寇を伝える飛駅使《ひえきし》が到達した。道長がこの事件に関わったという史料は見えないので、事件の詳細は語らないが、刀伊によって殺された者が、報告されただけで三六五人、拉致《らち》された者が一二八九人という被害（『小右記』）は、大変なものであった。たまたま隆家《たかいえ》が大宰権帥《だざいのごんのそち》として現地で戦闘指揮にあたったおかげで、何とか撃退できたのである。

　この間、道長は四月二十日に桟敷《さじき》で賀茂祭《かものまつり》を見物したりしていた。道長や頼通の禄は、甚だ過差《かさ》であって、実資は、「人の狂乱、世の衰亡」と怒っている。また、二十四日には、道長は東大寺《とうだいじ》と延暦寺《えんりやくじ》の両方で受戒《じゆかい》を行なうと言い出して、延暦寺僧である院源《いんげん》は過差であると憤っている（『小右記』）。もちろん、結局は行なっているが。

　病悩の方も、完全に治まったわけではなかった。四月二十八日には、道長の昼寝は病悩の徴証《ちようしよう》であるとの報が寄せられ、五月二十四日には重く病んだ。実資が見舞いに訪れても会うことはできず、教通《のりみち》を介して、「今回は、まったく存命できないであろう」との言葉が伝えられた（『小右記』）。

　六月一日には念仏を始めるなど、極楽往生《ごくらくおうじよう》に向けた準備を始めたが、三日には何と、道長は憑坐《よりまし》を用いずに自ら霊気《れいき》（物怪）を顕露《けんろ》させ、これを調伏《ちようぶく》したという（『小右記』）。随分と剛胆なものであるが、相手が特定の人物、特に自分のせいで権力の座から落ちた人物でない場合には、意外と怖くなかったのかもしれない。それとも、いつも出てくる物怪は同じ顔ぶれなので、慣れてしまっているのであろうか。

　この頃、左大臣《さだいじん》の顕光が辞任するという噂が宮廷を駆けめぐり、誰が新しい大臣に上るかについて、特に道長の意向をめぐって侃々諤々《かんかんがくがく》の情報が飛び交っていた。実資は、当然それは自分であると思っていたが、上席には道長の異母兄である道綱《みちつな》がいた。道綱は六月十五日、道長に、「一、二箇月でも大臣の座を貸してもらいたい。決して政務には関わらない」などと懇望《こんもう》し、「一文不通《いちもんふつう》の人を丞相《じょうしょう》（大臣）に任じるのは世が許さない」と実資を怒らせている。道綱は十九日には、道長と倫子に任大臣を懇望しているが（『小右記』）、結局は顕光の辞任は噂に過ぎず、そのまま左大臣の座に居坐り続けた。それにしても、道長（と倫子）の政治力の強さを改めて見せつけた騒動であった。

七月十七日、道長は土御門第《つちみかどてい》の東に丈六《じょうろく》の阿弥陀像と四天王像を造立することを発願《ほつがん》し、新堂の木造始《こづくりはじめ》を行なった（『小右記』）。これが後に法成寺につながることになる。

道長は九月二十七日に受戒のために東大寺に出立《しゅったつ》した。その際、注目すべきは、六日に、円融《えんゆう》院が受戒した時の先例を人々の日記に求めているということである。実資はさっそく、七日に日記を抄写《しょうしゃ》して提出しているが、道長の自己認識がよく窺える。また、受戒当日の二十九日には、東大寺勅封《ちょくふう》御倉の鍵を奈良まで持って来させている（『小右記』）。おそらくこの時、正倉院を開封したのであろう。道長はいったい、どの宝物を見たかったのであろうか。

そういえば、「病は気から」というのか、この頃は道長の病悩の記事が見られなくなる。出家と寺院の造営《ぞうえい》で、気分もよくなっていたのであろう。

十一月十六日、道長の二男で検非違使別当《けびいしべっとう》となっていた頼宗《よりむね》が、実資に別当辞任の事情を語っている。検非違使庁の政務はきわめて不都合で、どうしようもない。皆は自由に振舞い、何事も執行することができない。官人の心は清直ではない、というものである。それを聞いた実資は、官人たちは道長の命によって意に任せて執行し、別当を無視しているのであろうと推測し、他の別当ではますます難しいであろうと記している（『小右記』）。

十二月四日、早くも九体《くたい》阿弥陀像の造立が終わり、土御門第の南にある小南第《こみなみてい》に仮安置した（『小右記』）。いよいよ道長は、浄土への第一歩を踏み出したのである。

無量寿院落慶

寛仁四年（一〇二〇）三月二十二日、道長は三后（彰子《しょうし》・妍子《けんし》・威子《いし》）の行啓《ぎょうけい》を迎えて間口十一間の阿弥陀堂（無量寿院）の落慶供養を盛大に挙行した（『御堂関白記』、『諸寺供養類記《しょじくようるいき》』所引『小右記』）。

七月には頼通も病悩し、二十七日に法性寺《ほっしょうじ》の五大堂《ごだいどう》に参籠《さんろう》した。道長はこれに同行したが、嘆息《たんそく》は極まりなかったという（『小右記』）。

九月二十八日には、道長は灸治《きゅうじ》を行ない、その後に湯治を行なっている。この治療で、延暦寺での受戒は延期された。灸治は十月五日にも行なっている（『小右記』）。

一方、この頃、後一条は重く病んでいた。すでに九月二十八日には、邪気が憑坐に駆り移った際には平常を得るが、憑坐が平常に復すと後一条は「むつかり」叫ぶとされ、御悩が邪気によることの明証であるとされた。

そして翌九月二十九日、最も恐れていた事態が出来《しゅったい》した。後一条（敦成《あつひら》）のために立太《りったい》子《し》できないまま、寛仁二年に薨《こう》じてしまっていた敦康《あつやす》親王の霊が、後一条に出現したのである。「また種々の物気《もののけ》（物怪）が顕露した」とあるが（『小右記』）、後一条に襲いかかった数々の霊（敦康の外戚《がいせき》たちであろうか）に接して、道長は何を思ったであろうか。

十月十六日には、後一条に病悩が重く発《おこ》っていた際に、道長が祈《き》禱《とう》を行なっている。後一条に取り憑《つ》いた邪気は人に移り、その声が時々聞こえてきたが、道長の様子は、あたかも験者《げんざ》（加持祈禱をして霊験《れいげん》をあらわす行者）のようであったという（『小右記』）。

この十月の朔日《さくじつ》からは、道長は公卿《くぎょう》たちの請願を嫌って、対面を避けるようになっていた（『小右記』）。徐々に政治の第一線からは退こうとしていたのであろう。十一月十三日には、無量寿院の門に「召しの無い人は参ってはならない」という札を立てて、人の推参《すいさん》を禁じている。十二日に二、三人の公卿が参ったので腹を立てたからだという（『小右記』)。

とはいえ、道長はいまだ頼通をしのぐ権力を行使し続けていた。十一月二十九日、資平《すけひら》は勘解由長官《かげゆのかみ》・大蔵卿《おおくらきょう》・修理《しゅり》大夫《だいぶ》・左京大夫《さきょうだいぶ》という「不要《ふよう》の官」のどれかに任じられるという情報を得た。頼通に書状を送って抗議し、道長の許には直接出向いて、これを愁えた。頼通からは、「わかった」という旨の返答があったが、道長は、「官職は公家《くげ》(後一条天皇)の御定である。あれこれ申してはならない」と言って突き放した(『小右記』)。

除目《じもく》が始まり、資平が再び頼通に書状を送ったところ、「無理に任じるわけにはいかない。任じられる人の本意《ほい》に従わなければならない。ところが入道殿(道長)は、必ず任じるようにということである。その命には背き難い」という返答があった。結局、資平は修理大夫に任じられ、十二月二日に妍子に辞任の仲介を乞うたりしているが、道長の意向に従うようにとの頼通の勧告を受け入れ(『小右記』)、翌年の八月まで勤めている。

なお、十二月十三日に道長は比叡山に登り、廻心《えしん》菩薩戒《ぼさつかい》を受けている(『小右記』)。

念仏を七十万遍唱える

治安元年(一〇二一)二月一日、嬉子が東宮敦良《あつなが》親王の許に入侍した(『改元部類記《かいげんぶるいき》』所引『権記《ごんき》』、『小右記』)。嬉子十五歳、敦良十三歳の年であった。同じ叔母・甥の関係ではあっても、九歳も年上であった威子と後一条よりは、自然な年回りと言えよう。これで道長は、威子と嬉子が皇子を産めば、自己の家の栄華は未来永劫、続くと思ったことであろう。

二月二十九日には、道長は無量寿院講堂の礎石を公卿たちに曳かせたのであるが、実資は、疫病《えきびょう》が蔓延《まんえん》している時期には、万人が悲嘆していると非難している(『小右記』)。道長としては、無量寿院の造営が公卿社会の支持を得ているということを示したかったのであろうが。

疫病は治まらず、治安元年は世情は不穏だったのであるが、三月十九日に無量寿院を訪ねてそれを訴えた斉信《ただのぶ》に対し、道長はいっさい耳を貸すことなく、他の事だけを談《かた》った。それは競馬《くらべうま》やとりとめもないことであったという。実資は、「人々は障垣《しょうがい》の外にある」と、道長の態度を非難している(『小右記』)。これが出家者としての矜持《きょうじ》だったのであろう。

なお、実資は七月二十五日に六十五歳で右《う》大臣《だいじん》に任じられ、「右大臣は僕」などと喜んでいる。翌二十六日の慶賀の際には、実資は蒔絵釼《まきえのたち》を用いるべきであると思っていたのであるが、道長の意によって樋《ひ》螺鈿釼《らでんのたち》を用いた。実資は、「近代の事は、多く彼の命に帰すばかりである」と不審がっている（『小右記』）。

念願の大臣に上った実資は、除目《じもく》の執筆《しゅひつ》を勤めることとなった。さすがの実資も初めてのこと、八月二十六日に道長に作法を問い合わせた。もちろん、道長は適切に返信している（『小右記』）。

一方、『御堂関白記』の記事は、九月一日から五日までの念仏の回数のみ記されているもので終わるが、五日間で計七十万遍というのも、実際の数字とすると、すごいものである。九月五日など、いったい一日二十四時間で、十七万遍もの念仏を唱えられるものなのであろうか（一秒に二回の計算になる）。

十月五日に、実資は無量寿院を訪ねて道長と晩まで謁談《えつだん》したが、多くは公事《くじ》（政務や儀式）についてであったという。十一月六日にも、実資は無量寿院に道長を訪ね、官奏《かんそう》について協議している（『小右記』）。いまだ道長は、世事にも関心を持ち続けていたのである。

道長の方でも、実資の見識を重んじていた。十一月九日の御前の官奏《かんそう》の儀では、道長は、教通が参入して実資の作法を見たかどうかを問い、教通が見ていないと答えると、「私の子孫は上臈《じょうろう》の作法を見ることを善《よ》しとする。何の障《さわ》りが有って参らなかったのか」と不機嫌となった。二十三日の不堪佃田奏では、道長は秘かに実資の作法を見ている。道長は、十二月二十日にその作法を賞賛してきた。「甚だ好く思量した。久しく一上《いちのかみ》として奉公すべき人である。横死《おうし》の怖れは有ってはならない」というものである（『小右記』）。

十二月に入ると、無量寿院西北院《せいほくいん》の供養が行なわれ、一日、道長は行成《ゆきなり》に願文《がんもん》の清書を命じた（『諸寺供養類記』所引『権記』）。三日の供養では、舞の際に道長が、「右大臣（実資）は必ず納蘇利《なそり》（右方の走舞《はしりまい》）に衣を脱がれるか。内大臣（教通）は先ず陵王《りょうおう》（左方の走舞）に被《かず》けるように」との興言を行なった。この言葉によって、関白《かんぱく》頼通以下、皆は衣を脱いで舞人《まいびと》に下賜《かし》した。実資は、「算《さん》（秩序）が無いようなものである」と非難している（『小右記』）。

法成寺金堂落慶

その無量寿院では、治安二年（一〇二二）三月に落書《らくしょ》があったらしい。二十日に道長がそれを信受したという記事が見えるが（『小右記』）、いったい何を批判した落書だったのであろう。

五月二十六日には頼通の高陽院《かやのいん》で競馬が行なわれたが、道長を迎える儀は天皇の行幸《ぎょうこう》のようであったという。もともと後一条の病悩中の競馬には不快であった実資は、「天に二つの日が有るようなものである」と批判的である（『小右記』）。

七月には、無量寿院に大日如来像《だいにちにょらいぞう》を本尊とする金堂と密教の五大尊像《ごだいそんぞう》を本尊とする五大堂が竣工した。はじめ道長は、法界寺《ほうかいじ》か法身寺《ほうしんじ》という寺号《じごう》とする意向であったが、九日に法成寺と改定し、行成に扁額《へんがく》を書くことを命じた（『諸寺供養類記』所引『権記』）。

法成寺金堂供養は、天皇・東宮・三后が参列して、七月十四日に行なわれた（『諸寺供養類記』所引『権記』、『小右記』）。後一条は中央の間で中尊《ちゅうそん》に向かって拝礼したが、その時、道長は階の腋《わき》の地下《じげ》で涕泣《ていきゅう》していた。その後、道長は実資に、「久しく宴席に出て交わることも無かったが、今日は特に畏れ多く思うことが有る。無理に勧盃《けんぱい》しよう」と語り、言葉が終わらないうちに涙を落とすことを禁じ難かったという（『小右記』）。

現世の栄耀をきわめた道長は、これで臨終正念を迎える場も準備し終えることができ、来世についても心配の種はなくなった、はずであった。

高野山参詣

治安三年（一〇二三）に入っても、道長は正月二十二日に舞人を府生《ふしょう》に任じることを拒絶したり、四月九日に相撲人《すまいびと》の貢上《こうじょう》（近衛《このえ》府《ふ》から諸国に相撲部領使《すまいのことりづかい》という使を遣わして相撲人を徴すること）について意見を述べたり、二十六日に行成男の実経《さねつね》が関わった事件について報告を受けたりと、世俗の政治に関わり続けた（『小右記』）。

それはあたかも、退位後も政治に関係し続けた円融院を思い起こさせたことであろう。何より、出家した臣下が政治に関わるという、一見すると矛盾する事態が、道長と頼通、道長と彰子、道長と後一条との関係を通じて、無理なく世に納得されていたことに注目しなければならない。こういった先例が、後の院政や平清盛《きよもり》政権につながることになる。

六月八日には、道長は法成寺長堂の礎石を関白の二十石以下、諸大夫《しょたいふ》の一石まで割り充てた。実資は、寺の石を取ってはならないと命じ、自分の家の中の一石を運ばせた。十一日には、諸卿は羅城門《らじょうもん》・豊楽殿《ぶらくでん》・神泉苑《しんせんえん》・諸司・諸寺の石を曳かせており、実資を、「嘆くべし、悲しむべし。言うに足らない」と嘆かせている（『小右記』）。

六月十九日には、懈怠《けたい》（なまけ、おこたること）の人々を勘責《かんせき》しなかったということで、頼通を皆の面前で勘当《かんどう》（叱責《しっせき》）した。その言葉は、きわめて不都合なものであったという（『小右記』）。

一方では、七月三日の法興院《ほこいん》の法華八講《ほっけはっこう》（父兼家《かねいえ》を追善《ついぜん》するもの）に実資が参会《さんかい》すると聞き、病をおして出座《しゅつざ》したりもしている。十六日には、実資が自分の逆修法事《ぎゃくしゅほうじ》（生前にあらかじめ死後の利益を期すために仏事を修すること）に参列してくれたことを謝している（『小右記』）。やはり実資は特別な存在だったのである。

九月になると、実資は三日に顚倒《てんとう》して顔面を負傷し、頰に腫物《しゅもつ》を生じた。この事故をめぐっては、その治療法や夢想、実資への呪詛《じゅそ》など、しばらくは宮廷社会に波紋を投げるのであるが、道長は早くも四日に使者を遣わして見舞っている（『小右記』）。

この年、道長は高野山詣《こうやさんもうで》を計画していた。九月十四日の出立を、倫子の六十歳の算賀《さんが》によって延期し、十月十七日の暁方に出立した（『小右記』）。往路は南都《なんと》や飛鳥の寺々、帰路は法隆寺《ほうりゅうじ》、河内《かわち》国の道明寺《どうみょうじ》、摂津《せっつ》国の四天王寺《してんのうじ》などに参拝して宝物を拝観し（『扶桑《ふそう》略記《りゃつき》』）、十一月一日に帰京している。

高野山の金剛峯寺《こんごうぶじ》では法華経《ほけきょう》と理趣経《りしゅきょう》を供養した後、大師《たいし》（空海《くうかい》）を葬った廟堂《びょうどう》において、廟堂の扉が自然に開き、扉の枠立《ほこだち》が倒れるという「瑞相《ずいそう》」が起こった。大僧正済信《だいそうじょうさいしん》は、「進み寄って拝み奉られよ」と道長に進言し、道長が礼盤《らいばん》の上に登って廟堂の内部を見ると、白土を塗った高さ二尺余りの墳墓のような物があったという（『小右記』『扶桑略記』）。道長は空海と対面したのである。これを契機に空海入定《にゅうじょう》伝説（大師は入滅《にゅうめつ》してはおらず、いまなお坐禅を続けているのだという信仰）が説かれた。

十二月二十三日、道長は「法成寺の大仏」（丈六阿弥陀像のこと）を新造の堂に安置した（『小右記』）。これで極楽往生の準備は完了した。

有馬温泉へ湯治に行く

万寿元年（一〇二四）正月八日、道長は法成寺で修正会《しゅしょうえ》を催した。座席には火《ひ》桶《おけ》を置き、菓子や湯《ゆ》漬《づけ》も準備した。道長は、「申したいことが有る者は、関白に申すように」と語り、実資に紫《し》檀《たん》の念珠を贈った。「法師はこのような物を贈物とするのである」ということであった（『小右記』）。

すっかり宗教人になってしまったかのような道長であったが、俗世との関わりは保ち続けていた。二月二十七日には実資が上卿《しょうけい》を勤めた奉幣使定《ほうべいしさだめ》を賞賛し、三月十一日には人質を取っている賊の追捕《ついぶ》を止めることを命じたりしている（『小右記』）。

六月二十六日には法成寺の薬師堂供養が行なわれた（『諸寺供養類記』所引『権記』、『小右記』）。行成は『千字《せんじ》文《もん》』よりも長い願文を書かされ、講師《こうじ》の説経は黄昏にまで及ぶなど、道長の「やる気」が前面に出た法会であった。斉信は、「大会《だいえ》で説経を行なうとは、まったく聞いたことのない事である」と呆《あき》れている（『諸寺供養類記』所引『権記』）。

これらの諸堂の完成によって、法成寺は鎮護国家や国土・万民の平穏を願う寺院として、仏教界を統合する総合寺院としての性格を有することとなった。金堂や講堂を擁する大伽《が》藍《らん》の造営は、平安時代では東寺・西寺以来のこととされる。

九月十九日には頼通の高陽院に有名な駒競行幸《こまくらべぎょうこう》が行なわれたが、道長は前面に出ることはなく、頼通主催の儀に終始した（『小右記』）。

十月八日、道長は実資との会見を望んだということで、十日に二人は長時間にわたって会談した。実資は近親や家人の官途《かんと》について申したが、道長の方は松尾《まつのお》・北野《きたの》社《しゃ》行幸の準備について、実資の意見を徴している（『小右記』）。

同じ月の二十五日、道長は有馬に湯治に向かった。その日は桂山荘《かつらのさんそう》に宿すなど、のんびりした行程で、帰京したのは十一月八日であった。息つく間もなく、十六日には長谷寺に向かっている。こちらは宇治別業《うじのべつぎょう》に宿している。帰京は二十六日であった（『小右記』）。

これが道長の最後の遠出ということになるが、これらの例でもわかるように、道長の別業は、平安京から地方に向かう交通の要衝に配置され、流通の重要な一翼を担った（他に東に白河院《しらかわいん》がある）。また、道長の参詣は、寺社にとっては格好の宣伝になると共に、都《と》鄙《ひ》間の交通（陸上交通も河川交通も）を盛んにするという効果もあったのである。

第八章　欠けゆく望月

道長が葬られている「ジョウメンジ墓」

道長《みちなが》自身は、あと三年の余生を送った。その間、万寿《まんじゅ》二年（一〇二五）七月には小一条《こいちじょう》院（敦明《あつあきら》親王）女御《にょうご》となっていた寛子《かんし》、八月には東宮敦良《とうぐうあつなが》親王妃《ひ》の嬉子《きし》、万寿四年五月には出家していた顕信《あきのぶ》、九月には三条《さんじょう》天皇中宮《ちゅうぐう》であった妍子《けんし》を、次々と喪《うしな》っている。道長が法成寺《ほうじょうじ》阿弥陀堂《あみだどう》の九体《くたい》阿弥陀像の前で薨去《こうきょ》したのは、万寿四年十二月四日のことであった。

寛子と嬉子の薨去

道長が「この世をば」の歌を詠んでから、七年の歳月が流れ、万寿二年（一〇二五）を迎えた。歌を詠んだ日には、望月は欠けることもなかったのであるが、次の夜からは、望月は欠け始める。正確に言えば、月齢一五・〇の満月という状態は一瞬に過ぎないのであって、次の瞬間からは欠け始めるのである。

道長自身は、二月二日に大《だい》・中納言《ちゅうなごん》の新任は停めると言ったり、二十三日に諸国進米の粗悪の罪科に賛意を示したりと、相変わらず精力的に政治に関わっていたのであるが（『小右記《しょうゆうき》』）、子女の運命には暗い影が忍び寄ってきていた。

まずは七月九日、小一条院（敦明親王）の女御となっていた三女の寛子が薨《こう》じた（『小右記』『左経記《さけいき》』）。長年、霊気《れいき》（物怪《もののけ》）に苦しめられ、この数箇月は水も飲めなかったという（『左経記』）。物怪としては、当然のこと、顕光《あきみつ》と延子《えんし》が想定されたことであろう。道長は人々の弔問を許さなかったという（『小右記』）。

加えて、東宮敦良親王の妃である六女の嬉子が臨月を迎えていたものの、赤斑瘡《あかもがさ》（稲目《いなめ》瘡《がさ》・豌豆瘡《えんどうがさ》とも。麻疹《ましん》のこと）を患《わずら》っていた。八月三日に産気が起こった際、加持《かじ》を行なってはならないと勘申《かんじん》した陰陽師《おんみょうじ》を、道長は勘当《かんどう》した。諸僧が邪気《じゃき》（物怪）を怖れるのを見た道長は、自ら加持を行なって邪気を調伏《ちょうぶく》した（『小右記』）。皇子《おうじ》の平産《へいざん》を期す、何ともすさまじい執念である。

しかしながら、八月三日に親仁《ちかひと》王（後の後冷泉《ごれいぜい》天皇）を出産した後、嬉子は五日に十九歳で薨去した（『小右記』）。敦良が即位して後朱雀《ごすざく》天皇となる十一年前のことであった。

道長の悲嘆は極まりなく、八月六日に嬉子の遺骸を法興院《ほこいん》に移した後も、恋慕に堪えずに嬉子に付き添っていた。八日には、道長は加持を行なったことを深く悔い、三宝《さんぼう》（仏教）を恨んだという。九日には嬉子が蘇生するという夢を見ている（『小右記』）。

　人々は、「故堀川左府《ほりかわさふ》（顕光）および院の母（娍子《せいし》）や院の御息所《みやすどころ》（延子）の霊が吐いた詞は、禅閤の一家は最も怖畏《ふい》が有る」と言い合った。実資《さねすけ》は、「種々述べるところには、皆、道《どう》理《り》が有る」と記している（『小右記』）。

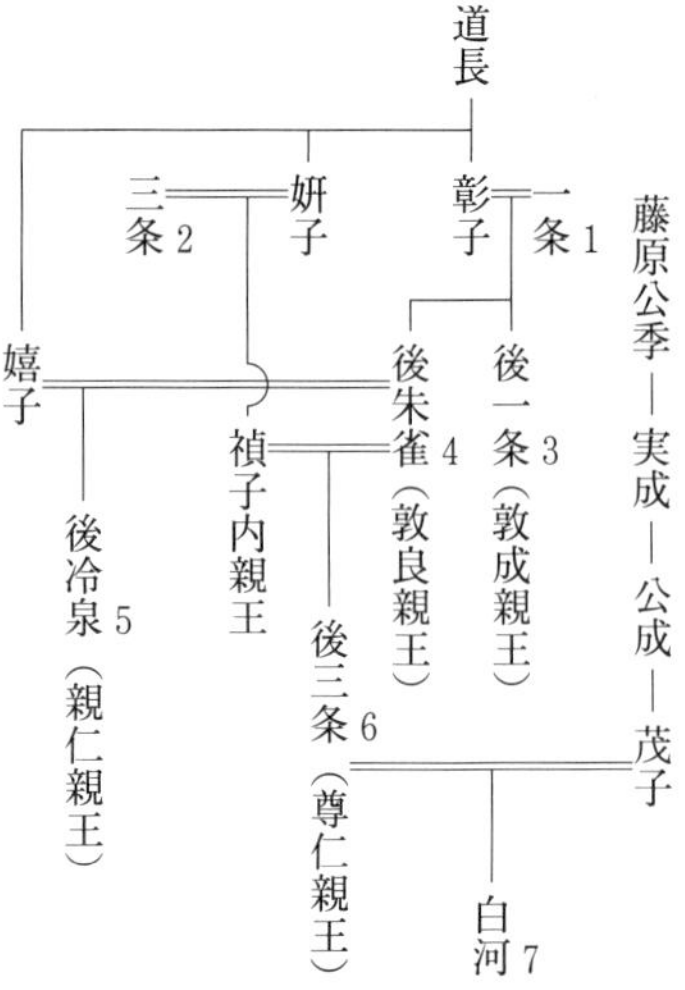

図5　後一条後の皇統（数字は即位順）

　嬉子の葬送は八月十五日に行なわれ、道長の命によって、障《さわ》りのない公卿《くぎょう》は藁履《わらぐつ》を着し、歩行して参列した。十月十二日にも、道長が嬉子の御在所《ございしょ》であった内裏《だいり》登華殿《とうかでん》を過ぎた際には、涕泣《ていきゅう》が雨のようであったという（『小右記』）。

　東宮の地位を降りた小一条院の女御で、しかも明子《めいし》所生の寛子とは異なり、倫子《りんし》所生で東宮女御である嬉子の死は、個人的な哀傷もさることながら、道長と摂関家《せっかんけ》にとって、政治的に大きな痛手だったことであろう。

なお、皇統は後一条《ごいちじょう》天皇ではなく後朱雀天皇の子孫に伝えられた（図5参照）。ただし、後朱雀の後に皇位を嗣いだのは、嬉子と後朱雀との間に生まれた後冷泉天皇ではあったが、皇統は後冷泉の子孫ではなく、三条《さんじょう》皇女の禎子《ていし》内親王と後朱雀との間に生まれた後三条《ごさんじょう》天皇、さらに公季《きんすえ》の子孫である茂子《もし》と後三条との間に生まれた白河《しらかわ》天皇によって継承されていった。こうして摂関《せっかん》政治の時代は、終焉を迎えることとなったのである。

話を戻すと、道長は法成寺に付けるために、八月十二日に豊楽殿《ぶらくでん》の屋根にあった鴟尾《しび》を取らせている。こうなると、実資が、「万代の皇居《こうきょ》は一人（道長）の自由か。悲しきや、悲しきや」と嘆くのも、わからないではない（『小右記』）。

また、十月十九日には小一条院の女房《にょうぼう》が、道長の子女は死ぬことになるという夢を見ている。嬉子はこの夢想に合ってしまったと、頼通《よりみち》以下は恐懼《きょうく》したという（『小右記』）。道長子女の死、すなわち摂関家の命運に際して、様々な臆測が飛び交っていたのである。

彰子出家、上東門院となる

年は変わり、万寿三年（一〇二六）の正月十九日、彰子《しょうし》は落飾入道《らくしょくにゅうどう》し、上東門院《じょうとうもんいん》の称号を受けて二人目の女院《にょういん》となった（『院号定部類記《いんごうさだめぶるいき》』所引『野右記《やゆうき》〈小右記〉』『権記《ごんき》』）。

その際、涕泣が雨のようであった道長は詔書《しょうしょ》を用いるよう命じたが、実資は東三条院《ひがしさんじょういん》詮子《せんし》の例によって宣旨《せんじ》を用いるべきであると進言し、道長が承諾するという一幕があった。この間、関白《かんぱく》頼通は議に関わることはなかった（『院号定部類記』所引『野右記〈小右記〉』）。

七月八日に行なわれた道長主催の法会《ほうえ》では、四男の能信《よしのぶ》が頼通に対して「冷淡の詞」を吐き、争論するという事件が起こった。頼通は大いに怒って罵辱《ばじょく》し、道長は能信を追い立てた（『小右記』）。能信を中心とする明子所生の道長息男は、こうして反摂関家の立場を強め、後に尊仁《たかひと》親王（後の後三条）の即位に尽力して、摂関家の権力を失墜させることになる。もちろん、道長はそんなことにはまったく気付いていなかったであろうが。

最後の年

万寿四年（一〇二七）は、道長にとって最後の年となる。この年は正月から病悩《びょうのう》していた。八日に快吐し、その後は心身が尋常を得たというのであるから（『小右記』）、それ以前から体調はよくなかったのであろう。十五日にも病悩の記事が見えるが、二十一日にはひとまず平癒《へいゆ》したようである（『小右記』）。

三月に入ると、十五歳の禎子内親王が十九歳の東宮敦良《あつなが》の許に入侍《にゅうじ》することが、六日に決まった。これは道長が言い出し、頼通が「深く御情を入れ」たものであったが、自分の女《むすめ》である生子《せいし》（十四歳）を入れられなかった教通《のりみち》には嘆息《たんそく》の気配があったという（『小右記』）。この禎子が摂関政治を終わらせることになる皇子を産もうとは、道長も頼通も、この時点では気付いていなかった。嬉子を喪った直後ということで、道長も焦っていたのであろう。すでに自分の女は底を突き、頼通にはまだ女はなく、教通女の生子や真子《しんし》（十二歳）を妃《ひ》とすることには頼通の抵抗があったということで、まだしも妍子を通じて自分の血を引く禎子の入侍という結果となったものと思われる。

　禎子は三月二十三日に敦良の妃となったが、その直前の二十一日、道長の身に怪異が起こった。物霊（物怪）に虜《とら》われたようで、涕泣したり大声を出したりしたという（『小右記』）。「慶事」を前にした複雑な心境と病悩が重なって起こったものであろうか。

　四月に入ると、二女の妍子に病悩が襲いかかった。十四日には、「食事も摂らず、枯槁《ここう》は特に甚しい」状態となっていた（『小右記』）。

　加えて五月十五日には、出家していた三男の顕信が、無動寺《むどうじ》において遷化《せんげ》したという報が届いた。時に三十四歳（『小右記』）。道長の嘆きもいかばかりかと察せられる。

　六月四日には、道長も飲食を受けず、衰弱が甚しくなったが、十四日には妍子を見舞っている。二十一日には百一体の釈迦《しゃか》如来像《にょらいぞう》を造顕《ぞうけん》し、法成寺の新堂に安置しているが（『小右記』）、これで病が治まるものでもなかった。

七月四日の兼家追善《かねいえついぜん》の法華《ほっけ》八講《はっこう》には病をおして参列したものの、人に支えてもらわないといけない有様であった。十九日には痢病《りびょう》（激しい腹痛を伴い下痢をする様々な病気）も加わっている（『小右記』）。

妍子の方も、七月十九日には手足が腫《は》れ、八月五日には不覚《ふかく》（人事不省《じんじふせい》）となるほどであった。その後も重態は続き、当然のことのように顕光の霊も加わって、九月四日に危篤《きとく》に陥った。六日に道長は縁によじ登り、仏堂に参って、仏前に恨み申した（『小右記』）。

妍子は九月十四日に出家した後に崩じた。三十四歳であった。道長や頼通・教通たちは哀泣《あいきゅう》した。葬送は十七日に行なわれ、道長以下は歩行して従った（『小右記』）。

九月二十四日に、道長家について妖言《ようげん》（悪いことが起こるというような、不吉で奇怪な予言）が多いと『小右記』に記されているのは、一家の悲劇がこれで終わったわけではないことを意味しているのであろうか。

道長の死

十月二十八日には妍子の四十九日法会が行なわれたが、道長は再び痢病を患っていた。それは堪えがたい様子で、堂に入ることもできなかった（『小右記』）。

十一月十日には道長は重態となり、臥したまま汚穢《おあい》（糞尿）を出すという状態となった。ただ、心神《しんしん》は通例のようであったとある。十三日には沐浴して念仏を始めるなど（『小右記』）、極楽往生《ごくらくおうじょう》に向けた準備を始めた。

十一月二十一日には危篤となった。ますます無力にして痢病（汚穢）は無数、飲食は絶えた。また背中に腫物《しゅもつ》ができたが、医療を受けなかった。後一条の行幸《ぎょうこう》も、今となっては悦《よろこ》ばないとのことで、訪ねてきた彰子と威子《いし》も、直接、見舞うことは難しい状況であった。汚穢によるものである（『小右記』）。

十一月二十四日、道長が入滅《にゅうめつ》したという誤伝が駆けめぐり、上下の者は土御門第《つちみかどてい》に馳せ参った。この日、道長は震え迷うという症状を起こし、皆はやはり時が至ったことを思い、遠近に馳せ告げたという。針博士《はりはかせ》の和気相成《わけのすけなり》は、背中の腫物の勢いが乳腕に及び、その毒が腹中に入ったのであって、震えているのは、頸《くび》が思った通りにならないからであるという見立てを行なった。これに針治《しんじ》を施し、瘡口《かさぐち》を開くことになったが、三十日になって延期されている。（『小右記』）。

十一月二十五日、道長は法成寺阿弥陀堂の正面の間に移った。もちろん、九体阿弥陀像の前である。二十六日には危篤となり、やはり後一条の行幸が行なわれた（『小右記』）。

そして十二月一日の夜半、但波忠明《たんばのただあきら》によって背中の腫物に針治が施された。膿汁と血が少々出て、道長の叫ぶ声は、きわめて苦し気であったという（『小右記』）。

この針治も影響したのか、十二月三日の午後には再び、入滅したという報が伝わった。実資が様子を見に行かせると、「すでに事実でした」とのことであった。ただ、夕刻になって届いた報では、「胸だけは暖かいままである」とのことで、実はまだ死んでいなかったのである。夜に入って届いた報は、「ただ頭だけが揺動《ようどう》している。その他は頼みが無い」というものであった（『小右記』）。さすがは道長、恐るべき生命力と称するべきであろう。

十二月四日が明けると、また様々な情報が入り乱れた。道長は昨日、入滅したが、夜になって揺動する気配があった。しかし、四日の早朝には、すでに入滅したので、亡者《もうじゃ》の作法を行なったというのが、一般的なものであった（『小右記』）。

ところが、朝になっても腋《わき》に温気があるというので、上下の者はまだ生きていると言い出した。実資は、「荒涼《こうりょう》（いい加減）のようなものである」と不機嫌である（『小右記』）。

思えば長徳《ちょうとく》元年（九九五）以来三十二年間、何者にも代えがたい影響力を行使し続けてきた道長であればこそのことである。この年、道長は六十二歳であった。

十二月一日から患いついて飲食も受けつけなかった行成《ゆきなり》が、実はこの十二月四日の深夜、厠《かわや》に行く途中で顚倒《てんとう》し、一言も発せずにそのまま薨去した。こちらも道長の側近ならではであるが、行成の死に皆が思い至ったのは、しばらく後のことであった。

道長の葬送は、十二月七日の夜、鳥辺野《とりべの》で行なわれた。実資は葬送の様子を、「もしかしたらこれは、薨後の過差《かさ》か」と評している（『小右記』）。

頼通が康平《こうへい》五年（一〇六二）に道長の墓を訪れた際の記録（『定家朝臣記《さだいえあそんき》〈康平記《こうへいき》〉』）によると、墓は木幡《こはた》の浄妙寺《じょうみょうじ》の東に営まれた。浄妙寺の東の「ジョウメンジ（「浄妙寺」の転訛《てんか》したもの）墓」と通称されていた茶畑のあたりが有力視されている。

なお、この茶畑から出土したと伝える秘色《ひそく》の青磁水注《せいじすいちゅう》（高二一・七センチ、底径八センチ、口径九・六センチ、京都国立博物館蔵）は、五代《ごだい》（九〇七―九六〇）もしくは北宋《ほくそう》時代（九六〇―一一二七）のごく初期に、中国浙江省《せっこうしょう》の越州窯《えつしゅうよう》で焼かれたものと考えられ、藤原氏の誰かの墓に副葬されたものとされる。越州窯青磁の輸入品でも、これほどの大型品は多くなく、これを道長の骨壺であると指摘する考えもあることを付記しておく。

補章　紫式部と『源氏物語』

「深坂越え」（塩津山）

最後に、道長《みちなが》とも関わりの深かった紫式部《むらさきしきぶ》の生涯について、簡単にたどることにしよう。とはいえ二人の関わりは、もっぱら道長長女の中宮彰子《ちゅうぐうしょうし》の女房《にょうぼう》として、また『源氏物語《げんじものがたり》』および『紫式部日記《むらさきしきぶにっき》』の執筆への支援（または命令）に限られる。

二人が幼なじみであったとか、まして恋仲（または妾《しょう》）であったなどとは、歴史学の立場からは、とても考えられることではないのである。

紫式部の生い立ち

紫式部の父母は、共に藤原氏北家《ほっけ》の嫡流である冬嗣《ふゆつぐ》の一門である。

まず父方は、冬嗣の嫡男である良房《よしふさ》の異母弟であり、内舎人《うどねり》で早世《そうせい》した良門《よしかど》の子の利基《としもと》から出ている。利基の六男である兼輔《かねすけ》が紫式部の曾祖父にあたるが、この人は「堤中納《つつみちゅうな》言《ごん》」と呼ばれた公卿《くぎょう》であった。兼輔の一男である雅正《まさただ》は受領《ずりょう》を歴任している。紫式部の父である為時《ためとき》は、雅正の三男。文章生《もんじょうしょう》出身の学者である。

母方の方は、これも良房の同母兄の長良《ながら》の流れを汲む。長良の三男が良房の養子となった基経《もとつね》であるが、その同母弟で六男の清経《きよつね》が紫式部の母方の祖となる。清経は参議《さんぎ》、清経三男の元名《もとな》も参議に上っている。紫式部の外曾祖父である文範《ふみのり》は元名の二男で、中納言にまで上っている。紫式部の外祖父である文範三男の為信《ためのぶ》は、右馬頭《うまのかみ》にとどまった。その女《むすめ》が為時の最初の妻となり、紫式部を産んだ女性である。もちろん、紫式部ともども、本名（諱《いみな》）は不明である。

この女性は、紫式部の姉、紫式部、弟の惟規《のぶのり》を産んだものの早世してしまった。為時は再婚し、後妻の許に通っていた。この後妻は三人の子を産んでいる。

紫式部の生年については、さまざまな説があるが、ここではとりあえず、天延《てんえん》元年（九七三）生まれとして年齢を計算する。為時二女として生まれた紫式部は、早くに生母に死別し、父も後妻の許に通う日々の中で、寂しい幼年期を過ごしたはずである。

なお、紫式部が生まれ育ったのは、曾祖父の兼輔が残した堤第《つつみてい》の半分の敷地であるとされる。現在の梨木《なしのき》神社から廬山寺《ろざんじ》にかけての地のうち、半分ということになる。

『紫式部集』にみる少女時代

紫式部の少女時代は、『紫式部集』《むらさきしきぶしゅう》の詞書《ことばがき》から復元することができる。その特色は、少女時代に恋人との贈答歌がないこと、女友達（受領の女が多い）が顔を並べることであるという。

その学識によって、紫式部は友人の間で相談を受ける立場になっていたことが推定できる。他人の気持ちを思いやる性格がよく表われている。

また、紫式部が少女時代を追想した有名な逸話《いつわ》が、『紫式部日記』に残されている。弟の惟規が父為時から漢籍《かんせき》を習うのを側で聞いていた紫式部は不思議なほど理解が早く、この子が男の子だったならと、父がいつも嘆いていたというものである。「はかなき物語」の感想を友人と文通で論じ合っていたという記述も見える。

『紫式部集』で恋愛沙汰をほのめかしている唯一の事例としては、方違《かたたがえ》に為時邸にやって来た人が、紫式部姉妹の部屋に忍んで来て、真意のわかりかねる言動があって帰った翌朝に、姉妹から朝顔の花を贈って歌いかけた歌というものがある。

ここに出てきた姉は、まもなく亡くなってしまった。為時の方は相変わらず無官で過ごし、しかも後妻の許に通う日々であった。

越前に下向

道長政権が誕生した翌年の長徳《ちょうとく》二年（九九六）、為時は来着していた宋人《そうじん》に対応するために越前守《えちぜんのかみ》に任じられ、紫式部は父に従って越前に下向《げこう》した。

一行は大津《おおつ》の打出浜《うちいでのはま》から舟で琵琶湖《びわこ》西岸を北上し、琵琶湖北岸の塩津《しおつ》に上陸し、近江《おうみ》と越前の国境である塩津山を越え、敦賀《つるが》に入った。その際には、紫式部の輿《こし》を担ぐ人夫の、「やはりここは難儀な道だなあ」というぼやきに呼応し、「世の中は辛いものだとわかったでしょう」という歌を詠んでいる。

越前国府《こくふ》に到着した一行を初雪が出迎えたが、紫式部は、「暦に『初雪が降った』と書きつけた日」、都を懐かしむ歌を詠んだ。紫式部は男性貴族と同様、暦に日記を書き付けていたのである。

ただし、紫式部にはその後の一年ほどの越前滞在で、越前の風物を詠《うた》った歌はない。その目はいつも都を向き、国内のあちこちに出かけることは、ほとんどなかったのであろう。

結婚・出産と夫との死別

長徳三年（九九七）が明けると、藤原宣孝《のぶたか》から、紫式部に求婚の書状が届いた。すでに旧年中に宣孝からの求婚があったものと思われる。宣孝はこの年にはすでに四十五歳ほどになっており、長男の隆光《たかみつ》は、紫式部と同じ天延元年の生まれである。

宣孝は有能な官人であり、雅《みやび》な面も持っていた。『宣孝記《のぶたかき》』という、公事《くじ》を丁寧に記録した日記も記している。その一方では、派手で明朗闊達《めいろうかったつ》、悪く言えば放埒《ほうらつ》な性格でもあったようである。派手な装束で金峯山詣《きんぷせんもうで》を行なったことが、『枕草子《まくらのそうし》』に描かれている。

すでに子を生《な》した女性が三人いるにもかかわらず、紫式部のみならず近江守《おうみのかみ》の女にも求愛していたらしい。この頃から、紫式部と痴話喧嘩の歌を詠みあっている。

紫式部は長徳三年の年末か翌長徳四年（九九八）の春、父を残して単身、都へ帰った。そして長徳四年の冬に、宣孝と結婚した。紫式部は当時、二十六歳前後と考えられるが、これは当時としてはきわめて遅い初婚である。宣孝とは二十歳前後の年齢差があったが、女性が嫡妻《ちゃくさい》でない場合は、あり得ない話ではなかった。

翌長保《ちょうほう》元年（九九九）、二人の間に賢子《けんし》が誕生した。後に越後弁《えちごのべん》として彰子《しょうし》に出仕《しゅっし》し、親仁《ちかひと》親王（後の後冷泉《ごれいぜい》天皇）の乳母《めのと》となり、はじめ関白《かんぱく》藤原道兼《みちかね》二男の兼隆《かねたか》、ついで大宰《だざいの》大弐《だいに》高階成章《たかしなのなりあきら》と結婚して「大弐三位《だいにのさんみ》」と呼ばれることになる人である。

長保三年（一〇〇一）に越前守の任を終えた為時が帰京したが、為時は再び無官となった。『続本朝往生伝《ぞくほんちょうおうじょうでん》』の一条《いちじょう》朝の「天下の一物《いちぶつ》」に、文士《ぶんし》十人の中の一人として名を挙げられているものの、為時は官人としては不遇であった。

長保三年になっても、宣孝は忙しい日々を送っていたが、二月五日に春日祭使《かすがさいし》代官《だいかん》の替わりとして道長から呼び出されたものの、「痔病《じびょう》が発動《はつどう》」して不参であった（『権記』）。現在の痔疾患にとどまらない重病であった可能性が高い。

そして四月二十五日、宣孝は死去した。紫式部は結婚後わずか二年半ほどで寡婦《かふ》となってしまったのである。『紫式部日記』には、後の述懐として、「夫を亡くして将来の頼みもないのは、ほんとうに思い慰める方法すらもありませんが、しかしせめて寂しさのあまりに心すさんで自棄的なふるまいをする身だとだけは、思いますまい」と記述している。なお、『紫式部集』には夫の死を直接悼《いた》む哀傷歌《あいしょうか》は見られないという。

『源氏物語』の執筆

これ以降、長い寡婦生活が続く。紫式部が『源氏物語』の執筆を始めたのは、宣孝死去後、彰子への出仕以前というタイミングであろう。
紫式部が『源氏物語』を自発的に書き始めたものか、はたまた何らかの外的な要請があって書き始めたものか、起筆の段階でどれだけ全体の構想ができあがっていたのか、またどの順番で執筆していったのか、さらには紫式部の後宮《こうきゅう》出仕と『源氏物語』とは関係があるのかないのか、また出仕の時点で『源氏物語』はどこまで書かれていたのか、紫式部の出仕は為時の推挽によるものなのか、あるいはどこかからの要請によるものなのか。

それらの疑問を解く手がかりとして、ここで当時は貴重で高価、しかも民間には手に入らない（東西市には紙を売る店はない）料紙《りょうし》の問題を取りあげてみたい。『源氏物語』の清書に要した料紙の枚数を推定してみたところ、一枚の紙を四半本《よつはんぼん》として四丁とすると、一丁は裏表で二頁となるから、一紙から八頁が取れる。現存最善本の写本とされている大島《おおしま》本《ぼん》を見た限りで乱暴な仮定を行なうと、一行に二〇字、一頁一〇行とすると、一頁には二〇〇字、つまり一紙で一六〇〇字を書くことができる（藤本孝一氏のご教示による）、と仮定した場合の枚数である。

『源氏物語』は全編五十四巻で、数え方にもよるが九四万三一三五字である。これを記すためには六一七枚の料紙が必要となる。内訳は、桐壺《きりつぼ》巻から藤裏葉《ふじのうらば》巻までの第一部（光源《ひかるげん》氏《じ》が父桐壺《きりつぼ》帝の后である藤壺《ふじつぼ》と密通《みつつう》し、産ませた子が冷泉《れいぜい》帝として即位するという「罪」）が四三万九四六五字で二九一枚、そのうちa系（光源氏の生い立ちと女性遍歴、特に藤壺・紫《むらさき》の上《うえ》との関係を描いた部分）だけで一六五枚、若菜《わかな》上巻から幻《まぼろし》巻までの第二部（妻である女三《おんなさん》の宮《みや》が密通を犯し、生まれた薫《かおる》を光源氏が育てるという「罰」）が一九万三八五一字で一二五枚、匂兵部《におうひょうぶ》卿《きょう》巻から夢《ゆめ》の浮橋《うきはし》巻までの第三部（光源氏の死後、宇治《うじ》の姫君〈大《おおい》君《きみ》・浮舟《うきふね》〉がそれらを償うという「贖《あがない》」）が三〇万九八一九字で二〇一枚である。

もちろん、これは清書用の料紙の問題であり、下書き用の紙や、書き損じて反故《ほご》にした紙は、膨大な量にのぼるはずである。表紙や裏表紙用の紙も勘定に入れていない。また、これは一紙一六〇〇字で計算してみた枚数だが、一紙を袋綴《ふくろとじ》にして（裏には書かず）表にのみ四〇〇字を書いた場合には、二三五五枚という、気の遠くなるような料紙が必要となってくる。

紫式部が出仕前に全編を執筆していたとは考えられないから、どれくらいまで書き進んでいたかを推定してみると、第一部をすべて執筆していたとすると、四半本で二九一枚、光源氏の前半生の骨格となる部分を描いたいわゆる第一部a系だけをすべて執筆していたとすると、一六五枚を要する。袋綴にして執筆した場合は、それぞれ四倍が必要となる。

光源氏が須磨《すま》・明石《あかし》に流謫《るたく》した須磨・明石巻に長徳二年の長徳の変における藤原伊周《これちか》の配流との関連があるとすると、出仕の段階ではこのあたりまでは執筆していた可能性が考えられる。これらは宮中におらずとも描けたかとも思われる。

一方では、光源氏復帰後の権力闘争や宮廷政治の有様は、出仕後の見聞に基づくものかと考えたい。そうなると、第一部a系の途中まで、出仕以前に書き終えていた可能性が高いものと思われる。

とすると、その時点では四半本で一〇〇枚弱、袋綴で四〇〇枚ほどの清書用料紙を必要としたことになる。下書き用や反故にした紙、三種類の親本の存在を考えると、出仕以前にも膨大な量の料紙を必要としたことが推定されるのである。

そして出仕後に、光源氏の都召還以後を描いた部分の続きを執筆し、折々に第一部b系の女性遍歴を描いた巻、女性たちのその後を描いた巻、玉鬘《たまかづら》十帖を執筆したものと推測される。そしてその後、第一部a系の残りの六条院《ろくじょういん》の完成と栄華を描いた巻を執筆したものと推定される。

第二部の女三の宮降嫁《こうか》とその後の物語、光源氏の死、第三部の光源氏死後の世の中、そして宇治《うじ》十帖を執筆したのは、さらに後のことだったのであろう。

ただし、『源氏物語』のはじめの方の巻において、光源氏の将来に対する予言がいくつか語られる。桐壺巻では「帝王でもなければ臣下でもない地位になる」、若紫《わかむらさき》巻では「天皇の父になるが中途で不遇に沈む」、澪標《みおつくし》巻では「子供が三人生まれ、天皇・皇后《こうごう》・太《だい》政大臣《じょうだいじん》になる」というものである。紫式部はそれぞれの執筆時点で、すでに『源氏物語』の第一部a系、少なくとも光源氏の一生の基本的骨格についてのストーリーの見通しを付けていたのである。膨大な量の料紙の供給についても、すでに自信があったのであろう。

これらの料紙、そして筆や墨を紫式部に与え、『源氏物語』の執筆を依頼（または命令）した主体として、道長を想定することは、きわめて自然なことであろう。『源氏物語』という物語は、はじめから道長に執筆を依頼され、料紙などの提供を受け、基本的骨格についての見通しを付けて起筆したものと推定される。道長の目的は、この物語を一条《いちじょう》天皇に見せること、そしてそれを彰子への寵愛《ちょうあい》につなげることであった。

中宮彰子に出仕

紫式部が一条天皇中宮の彰子の許に出仕したのは、寛弘《かんこう》三年（一〇〇六）か寛弘二年（一〇〇五）の十二月二十九日ということになるが（『紫式部日記』）、寛弘二年には十一月十五日に内裏《だいり》が焼亡《しょうぼう》し、二十七日に一条と彰子は東三条第《ひがしさんじょうてい》内裏に遷御《せんぎょ》している。その慌《あわ》ただしい最中に紫式部がはじめて出仕したようにも思えないから、寛弘三年説の方に分がありそうである。紫式部が入ったのは平安宮《へいあんきゅう》内裏ではなく、一条院《いちじょういん》内裏なのであった。

『源氏物語』のまとまった物語の形ができつつあるのを待ってのことだったのであろう。三十四歳の年の暮れのことであった。

彰子の御在所《ございしょ》は一条院内裏東北対《とうほくのたい》の南半であったが、女房たちは東長片廂《ひがしのながかたびさし》（東孫廂《ひがしのまごびさし》）の細殿《ほそどの》の細かく間仕切りされた局《つぼね》に住んだはずである。紫式部の女房名は「藤式部《とうしきぶ》」であった。

紫式部は公的な官は持たない中﨟《ちゅうろう》女房であったようである。中宮付きの教養面での世話係を務めながら、『源氏物語』の続きを執筆することを望まれていたのであろう。

『紫式部日記』には、一条が『源氏物語』を女房に読ませ、『源氏物語』の作者が日本の実際の歴史に詳しいということを看破しているという記述がある。物語好きな一条が『源氏物語』の続きを読むために彰子の御在所を頻繁に訪れ、その結果として皇子懐妊《かいにん》の日が近づくことを、道長は期待したのであろう。

紫式部は出仕直後には宮中の様子に馴染《なじ》まなかったようで、実家に退出してしまったとあるが、実際には実家で『源氏物語』の執筆に専念するのが、当初からの勤務条件であったのかもしれない。

　このような紫式部の態度は、朋輩《ほうばい》の女房の反発を生んだであろう。生来の引っ込み思案で内省的な性格に加えて、もともと持っていた宮仕えへの嫌悪感から、元来が地味で無愛想な彰子の後宮が、紫式部にとっては居場所のない場と認識されたようである。

　寛弘四年（一〇〇七）の秋頃には、紫式部も一条院内裏に参入したようであるが、あまり打ち解けた勤めではなかったようである。

『紫式部日記』の執筆

　この寛弘四年の十二月頃、ついに彰子は懐妊した。そして寛弘五年（一〇〇八）四月十三日に内裏から道長の土御門第《つちみかどてい》に退出した。現状の『紫式部日記』の冒頭は七月二十日の記事から始まっている。

　それはあたかも、男性王朝貴族の日記（古記録《こきろく》）が変体《へんたい》漢文で記録されたものであることに対比されるような、女房の行動範囲に即し、女性ならではの視点によって、しかも仮《か》名《な》で記されて感情や台詞を詳しく記録した日記である。

紫式部をその記主として選び、料紙を与えて記録を命じた主体として道長を想定するのも、自然なことであろう。道長としては、自己の家の盛儀を仮名で詳細に記録させ、これを近い将来の妍子《けんし》や威子《いし》、はては後の世代の摂関家《せっかんけ》后妃《こうひ》にとっての先例として残しておきたかったのであろう。

『紫式部日記』によると、この年の夏頃から、紫式部は彰子に『楽府《がふ》』（『新楽府《しんがふ》』）二巻の進講《しんこう》を始めた。胎内《たいない》の皇子への帝王学《ていおうがく》かとされている。

九月九日の夜半、彰子に産気が起こった。十日が明けると、道長の招集に応じた諸卿が続々と駆けつけた。彰子は土御門第寝殿東母屋《ひがしのもや》の産所に移ったが、この日は、産気は微々たるものであり、邪気《じゃき》（物怪《もののけ》）が出現するばかりで、一向に御産はなかった。

翌十一日、彰子は寝殿の北廂《きたびさし》に移り、紫式部は北廂の隣の間に控えた。そして昼頃、「御物怪がくやしがってわめきたてる声などの何と気味悪いことよ」という状況のなか、彰子は「平安《たいらか》に」皇子敦成《あつひら》を出産した。後の後一条《ごいちじょう》天皇である。

紫式部は、三夜、五夜、七夜、九夜の産養《うぶやしない》も、詳細な記録を残している。九月二十五日、一条の土御門第行幸が行なわれることとなり、十月十六日に行幸が行なわれた。それは後世、「寛弘の佳例《かれい》」と賞讃された、摂関期を代表する盛儀であったが、このような盛儀のなか、紫式部は行幸の準備の際にも、「ただもう一途に、常々心がけてきた出家遁世《しゅつけとんせい》の気持に、ひきつけられるほうばかりが強くて、憂鬱《ゆううつ》で、思うにまかせずに、嘆かわしいことばかりが多くなるのが、実に苦しい」と記し、池の水鳥の苦しさをわが身になぞらえた歌を詠むのであった。

一条を迎えるにあたっても、その御輿《みこし》を担ぎ上げて這《は》いつくばっている駕輿丁《かよちょう》を見て、「何が私の苦しさと違っていようか」と、ひとり慨嘆していた。

翌十七日の夜、中宮亮《ちゅうぐうのすけ》の藤原実成《さねなり》と中宮大夫《ちゅうぐうだいぶ》の藤原斉信《ただのぶ》が紫式部の局を訪れた。「格子の下をとりはずしなさいよ」と責める二人に対しても、紫式部は、それを拒絶している。

十一月一日、敦成五十日《いか》の儀が行なわれた。『紫式部日記』には、信じられないような公卿連中の乱痴気《らんちき》騒ぎが描かれているが、紫式部は藤原実資《さねすけ》に対しては、「一段とご立派でいらっしゃるようでした」という評価をしている。

彰子と敦成の内裏参入の日が近づくなか、彰子の主導で、『源氏物語』の書写と冊子《そうし》づくりが大規模に行なわれた。内裏還幸《かんこう》に際しての一条への土産ということなのであろう。道長は、「上等の薄様《うすよう》の紙とか、筆、墨など、はては硯まで」を、何度かにわたって持ってきた。道長の『源氏物語』に対する援助の様子がよくわかる。

ところが、紫式部が実家から取り寄せて局に置いてあった『源氏物語』の原本は、彰子の御前に伺候《しこう》している間に道長によって持ち去られ、妍子に与えられてしまった。

一条は翌寛弘六年（一〇〇九）二月に、彰子を再び懐妊させた。六月十九日、彰子は土御門第に退出し、敦成がこれに同行した。そして十一月二十五日、彰子は第三皇子敦良《あつなが》を出産した。後の後朱雀《ごすざく》天皇である。十二月二十六日、彰子は敦成と敦良を伴って枇杷殿《びわどの》内裏に入御した。紫式部も同行したことであろう。

『紫式部日記』の擱筆《かくひつ》

寛弘六年正月三日の敦成親王戴餅《いただきもちい》の儀を記録した後、突然に朋輩の女房たちの容姿や性格に筆が及び、斎院選子《さいいんせんし》内親王の女房と彰子の女房との比較、そして四月に出仕したばかりの和泉式部《いずみしきぶ》や、赤染衛門《あかぞめえもん》、さらには清少納言《せいしょうなごん》への批評、自身の反省へと続く。

そして消息文的部分を閉じたうえで、再び寛弘六年九月十一日（寛弘五年五月二十二日の断簡《だんかん》かも）の記録的部分に筆が戻る。

この記事の次に、道長との贈答歌、そして渡殿《わたどの》の戸を叩く者との贈答歌が収められている。これらの歌も別に深い意味はなく、儀礼的な挨拶程度の戯《ざ》れ歌《うた》といったところであろう。古来から、戸を叩いた男が道長かどうか、この後に道長と紫式部の間に情を通じる機会があったかどうかなどの議論があり、はては『尊卑分脈《そんぴぶんみゃく》』に紫式部を「御《み》堂関白《どうかんぱく》道長の妾」と注記されたりといった、はなはだ迷惑な伝説ができあがっている。

寛弘七年（一〇一〇）正月一日の敦成・敦良の戴餅、二日の中宮臨時客《りんじきゃく》と殿上《てんじょう》の管弦《かんげん》、十五日の敦良の五十日の儀で、『紫式部日記』は終わる。

彰子と実資との取り次ぎ役

寛弘八年（一〇一一）六月に一条から天皇位を受け嗣《つ》いだ三条《さんじょう》天皇と道長との間には政治的な確執が絶えなかった。

そして、『源氏物語』や『紫式部日記』の執筆を終えた紫式部の職務は続いた。道長と三条の関係が悪化し、皇太后となった彰子の政治的役割が増加した。三条は実資を頼りとしたのであるが、実資は紫式部を彰子との間の取り次ぎ役として使ったのである。

長和《ちょうわ》元年（一〇一二）五月二十八日、実資は枇杷殿に彰子を訪れ、女房に促されて近く伺候し、一条を懐旧して落涙した（『小右記《しょうゆうき》』）。私はこの女房を紫式部と考えている。

直接的に紫式部のことが見えるのは、『小右記』の長和二年（一〇一三）五月二十五日条である。取り次ぎ役として使った女房に対し、「越後守《えちごのかみ》為時の女。この女を介して、前々も雑事《ぞうじ》を啓上させていた」と注記しているのである。

前々から取り次ぎに使っていたとなると、『小右記』のこの前後の記事に実資と彰子の間を取り次いでいたと見える女房も、紫式部であった可能性が高い。長和元年五月二十八日条、六月六日条、六月八日条、長和二年正月十九日条、三月十二日条、四月十五日条、五月二十五日条、七月五日条、八月二十日条などは、実資と彰子、そして紫式部が、たんなる儀礼を越えて、互いに結び付いている様子が窺える。

なお、『紫式部集』が編集されたのは、このころのこととされている。

長和四年（一〇一五）になると、実資が彰子の許を訪れる機会が少なくなり、当然、「女房」の登場も少なくなる。この後、『小右記』で実資の取り次ぎの女房は、寛仁《かんにん》三年（一〇一九）正月五日条、五月十九日条、八月十一日条、寛仁四年（一〇二〇）十二月三十日条、治安《じあん》元年（一〇二一）八月二十九日条、十月二日条、治安三年（一〇二三）四月二十日条、万寿《まんじゅ》四年（一〇二七）十二月十七日条に見える。

これらのうち、寛仁三年正月五日条では、女房は、「枇杷殿にいらっしゃる時に、しばしば参入した事を、今も忘れない」という彰子の言葉を伝えたうえで、「あの頃は参入したのに、現在は参らない。世の人と同じではない。立派であると思われているところである」と続けている。これらの懇切《こんせつ》な言葉を伝え、また実資がわざわざ記録しているというのは、この女房も、私は紫式部であると考えている。

　この記事以降の女房も、紫式部である可能性もある。紫式部が寛仁や治安、万寿、長元《ちょうげん》年間まで存命し、宮廷に出仕していた可能性も、十分に考えられるところである。

浄土信仰への傾倒

　紫式部が当時盛んになっていた浄土《じょうど》信仰に傾倒していたことは、『源氏物語』の横川僧《よかわのそう》都《ず》に明らかであるが、『紫式部日記』でも、末尾に近い、我が身をかえりみた箇所で、「何一つ思い出となるようなこともなくて過してきました私」と自己を描き、「月を眺めながら物思いにふけっている」日々であったとある。

　紫式部が深く人生を回顧し、浄土信仰に来世《らいせ》の救済を求めたとしても、当時の知識人としては、きわめて自然なことだったと言えよう。「出家《しゅつけ》して仏道修行に精進《しょうじん》したとしても、怠《なま》けるはずもありません。でも、ただ一途に世を背いて出家の道に入ったとしても、ご来《らい》迎《ごう》の雲に乗らない間の心が迷って動揺するようなこともきっとあるでしょう。それを思って出家をためらっているのです。年齢もまた、出家をしてもよい年ごろにだんだんなってきました。ひどくこれ以上に老いぼれては、また目がかすんでお経も読まず、心もいっそう愚かに鈍くなってゆくでしょう」と記している。

国文学界では、紫式部が長和三年に死去したという説があるようであるが、まったく根拠のない推測である。なお、紫式部が清水寺に籠った際に、仲のよい伊勢大輔《いせのたいふ》と会って、「院」の御料にと、ともに燈明を奉献《ほうけん》し、「紫式部」が樒《しきみ》の葉に書いて寄こした歌というのが、『伊勢大輔集《いせのたいふしゅう》』に残っている。彰子が上東門院《じょうとうもんいん》となって「院」と称されるようになったのは万寿三年（一〇二六）正月十九日のことであり、この詞書はそれ以降も紫式部が生存していたことを示している。

おわりに

道長《みちなが》の死後半年を経た長元《ちょうげん》元年（一〇二八）六月、東国で平忠常《ただつね》の乱が勃発した。時代は確実に変わっており、道長が「この世」と思っていたのは、実は京都だけ、もしかすると宮廷内部だけの話だったのかもしれないのである。

そして長元九年（一〇三六）四月に後一条《ごいちじょう》天皇、九月には威子《いし》が崩御《ほうぎょ》した。さらに永承《えいしょう》六年（一〇五一）には前九《ぜんく》年《ねん》の役が勃発し、翌永承七年（一〇五二）に末法《まっぽう》の世に入った。

頼通《よりみち》は宇治別業《うじのべつぎょう》を平等院《びょうどういん》とし、翌天喜《てんぎ》元年（一〇五三）に阿弥陀堂《あみだどう》（「鳳凰堂《ほうおうどう》」）を落成している。康平《こうへい》元年（一〇五八）には法成寺《ほうじょうじ》も全焼してしまった。そして治暦《じりゃく》四年（一〇六八）に摂関家《せっかんけ》を外戚《がいせき》に持たない後三条《ごさんじょう》天皇が即位した。彼らの世は、確実に終焉を迎えたのである。

いったい、人間は他の人の目にはどのように映っているのであろうか。

この本では、道長の側近ではあったが、実は道長とは結構、屈折した関係にあった行成《ゆきなり》、道長に批判的でありながら、実は尊重し合っていた実資《さねすけ》、そして豪胆にして小心、磊落《らいらく》にして繊細、親切にして冷淡、寛容にして残忍、涙もろくてよく怒る、冗談好きで愚痴っぽい道長という三人の記録した日記を材料として、道長という人物をあぶり出してきた。

そこに描かれた道長という人物の像は、たしかに彼の真実の像には違いないのであるが、とはいえそのすべてでもない。その総体を浮かび上がらせるには、やはり彼らの記した日記を一条一条、丹念に読み解き続けるしかないであろうことを、もう一度述べておきたい。

そして道長像の総体を知ることは、摂関期という時代や日本という国、そして人間そのものを理解する道に、どこかでつながることであろう。

また、道長は確かに、日本の歴史上、最高度の権力を手に入れた。しかしだからといって、最高度に幸福であったかは、誰も知ることのできないことである。

ここでは、はるか後年、土御門第《つちみかどてい》（京極殿《きょうごくどの》）と法成寺の荒廃を見た吉田《よしだ》兼好《かねよし》が『徒然《つれづれ》草《ぐさ》』に残した感慨を引いて、この本を閉じることにしよう。

京極殿や法成寺などを見るにつけて、建てた人の願いは今に残っているのに、その遺業はこんなに変わって面影をとどめていないのは、まことに感慨深いものである。御《み》堂殿《どうどの》（道長）が、立派に造営《ぞうえい》なさって、荘園《しょうえん》をたくさんご寄進《きしん》なされ、自分のご一族だけが、天皇のご後見《こうけん》役、天下の重い鎮《しず》めとして、将来までと考えておかれたとき、たとえどのような世になっても、これほど変わり果てようと思われたであろうか……。

最後になるが、文春新書編集部の波多野文平氏に、この場を借りて感謝申しあげる。

二〇一二年十二月　同聚院にて

著者識す

増補版あとがき

あれはそう、もう十年も前のことである。二〇一三年六月、『御堂関白記』がユネスコの国際諮問委員会において、正式に「世界の記憶」に登録された。「文部科学省日本ユネスコ国内委員会ユネスコ記憶遺産推薦書作成ワーキンググループ委員」を拝命していた私は、『御堂関白記』の「世界の記憶」登録に合わせて、三月に『藤原道長の日常生活』（講談社現代新書）、五月に『藤原道長の権力と欲望　「御堂関白記」を読む』（文春新書）、十二月に『藤原道長「御堂関白記」を読む』（講談社選書メチエ）と、『御堂関白記』三部作を刊行した。

そのうち、本書『藤原道長の権力と欲望』は、道長の生涯を時系列に沿って解説したもので、最も読みやすいと思っているのであるが、永らく品切れとなっていた。

勤務先の顧問でいらっしゃった梅原猛さんは、この本を中日新聞に連載されていたエッセイで、同年六月三日に「権力のはかなさ」という題で取り上げてくださり、それをまとめたエッセイ集『老耄と哲学―思うままに』（文藝春秋、二〇一五年一月）にも収めてくださっていた。

　このように誉めてくださる方もいるこの本が、人目に触れないまま消えていくのも残念に思っていたところ、文春新書編集部の前島篤志氏から、紫式部の生涯を概述した補章を加えた増補版を出版してくださるとのありがたいお話をいただいた。

　ちょうど二〇二四年のＮＨＫ大河ドラマ「光る君へ」が、紫式部（と道長）を主人公としたものであり、私もそれに関わっているので、ドラマで描かれる二人の像が一人歩きすることを恐れていたときでもあり、ここで二人の実像を世間に提示するのもよかろうと思い、増補版の出版をお引き受けした次第である。

　多くの方が、二人のリアルな人生に触れてくださることを願ってやまない。

二〇二三年五月　多磨にて

著者識す

主要参考文献

『大日本古記録 御堂関白記』東京大学史料編纂所・陽明文庫編纂　岩波書店　一九五二～五四年

『陽明叢書 御堂関白記』陽明文庫編　思文閣出版　一九八三～八四年

『藤原道長「御堂関白記」全現代語訳』倉本一宏訳　講談社　二〇〇九年

『大日本古記録 小右記』東京大学史料編纂所編纂　岩波書店　一九五九～八六年

『現代語訳　小右記』倉本一宏編　吉川弘文館　二〇一五～二三年

『史料纂集 権記』渡辺直彦・厚谷和雄校訂　続群書類従完成会・八木書店　一九七八～九六年

『藤原行成「権記」全現代語訳』倉本一宏訳　講談社　二〇一一～一二年

山本利達校注『新潮日本古典集成　紫式部日記　紫式部集』新潮社　一九八〇年

藤岡忠美・中野幸一・犬養廉・石井文夫校注・訳『新編　日本古典文学全集　和泉式部日記　紫式部日記　更級日記　讃岐典侍日記』小学館　一九九四年

倉本一宏『摂関政治と王朝貴族』吉川弘文館　二〇〇〇年

倉本一宏『一条天皇』吉川弘文館　二〇〇三年

倉本一宏『三条天皇』ミネルヴァ書房　二〇一〇年

倉本一宏『藤原道長の日常生活』　講談社　二〇一三年
倉本一宏『藤原道長「御堂関白記」を読む』　講談社　二〇一三年
今井源衛『紫式部』　吉川弘文館　一九六六年
上島　享『日本中世社会の形成と王権』　名古屋大学出版会　二〇一〇年
大津　透『日本の歴史06 道長と宮廷社会』　講談社　二〇〇一年
黒板伸夫『藤原行成』　吉川弘文館　一九九四年
清水好子『紫式部』　岩波書店　一九七三年
土田直鎮『日本の歴史5 王朝の貴族』　中央公論社　一九六五年
角田文衞『承香殿の女御』　中央公論社　一九六三年
増田繁夫『評伝　紫式部　世俗執着と出家願望』　和泉書院　二〇一四年
東京大学史料編纂所編『大日本史料』第二編之一～二六　東京大学出版会　一九二八～九八年
詫間直樹編『皇居行幸年表』　続群書類従完成会　一九九七年
角田文衞総監修・古代学協会編『平安京提要』　角川書店　一九九四年
林屋辰三郎・村井康彦・森谷尅久監修『日本歴史地名大系 第二七巻 京都市の地名』平凡社　一九七九年

略系図

（数字は即位順）

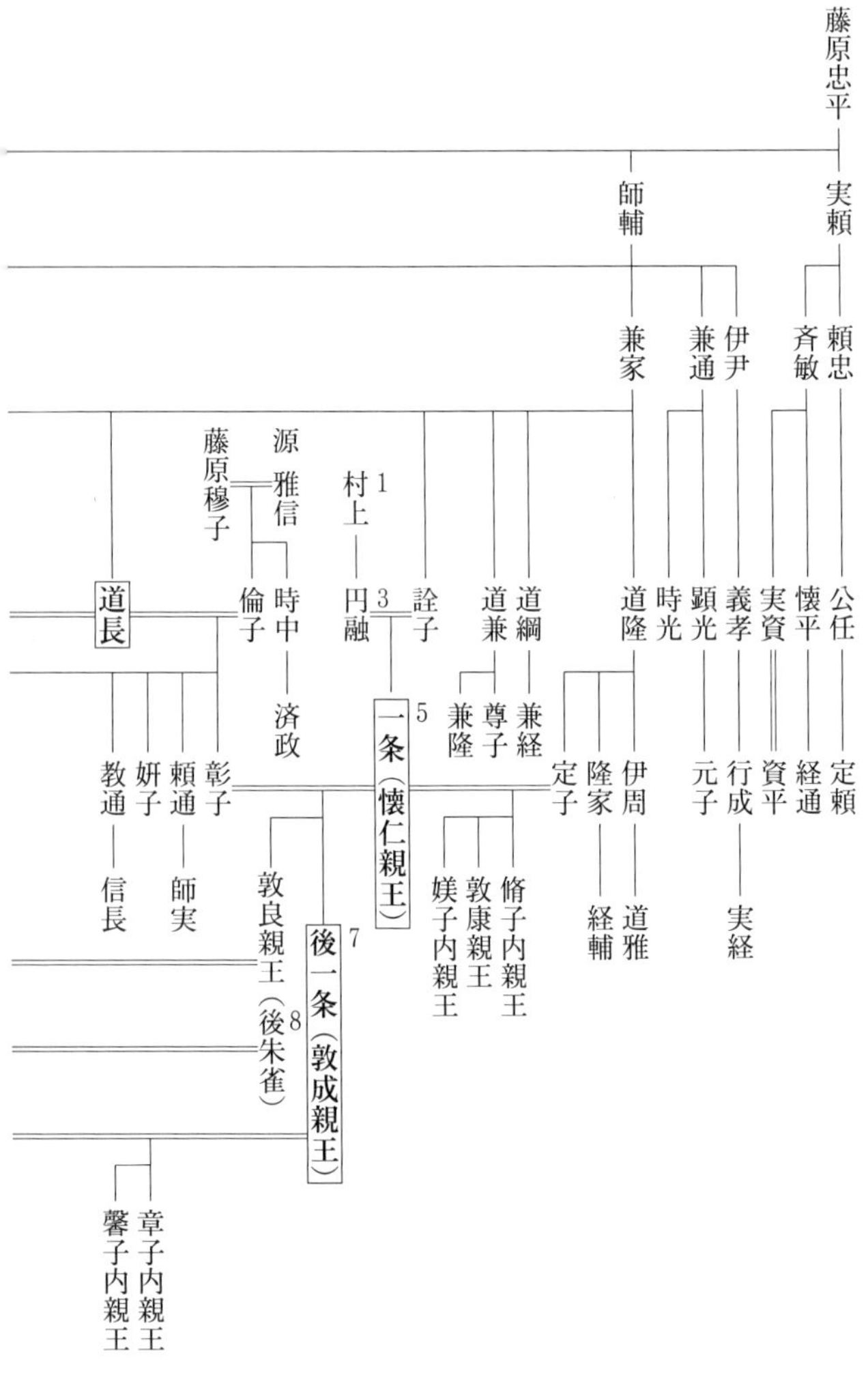
藤原忠平
実頼
師輔
頼忠
斉敏
伊尹
兼通
兼家
公任
懐平
実資
義孝
顕光
時光
道隆
道綱
道兼
詮子
円融 3
村上 1
源雅信
藤原穆子
時中
倫子
道長
定頼
経通
資平
行成
元子
伊周
隆家
定子
兼経
尊子
兼隆
一条（懐仁親王） 5
済政
彰子
頼通
妍子
教通
実経
道雅
経輔
脩子内親王
敦康親王
媄子内親王
後一条（敦成親王） 7
敦良親王（後朱雀） 8
師実
信長
章子内親王
馨子内親王

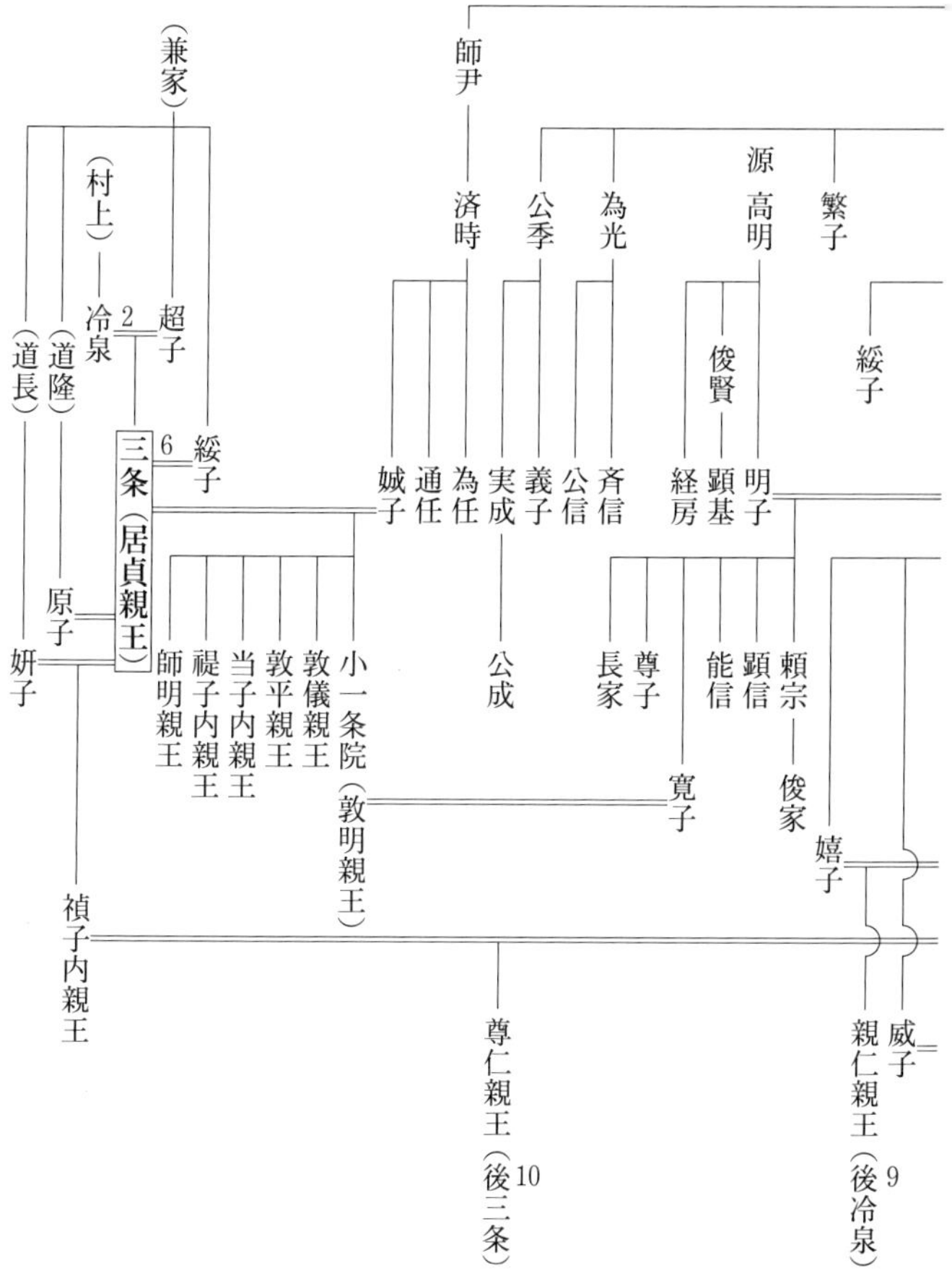

繁子
源
高明
為光
公季
師尹
済時
綏子
明子
俊賢
顕基
経房
斉信
公信
義子
実成
為任
通任
娍子
頼宗
顕信
能信
尊子
長家
公成
俊家
寛子
嬉子
威子
9
親仁親王（後冷泉）
10
尊仁親王（後三条）
（兼家）
超子
2
冷泉
（村上）
（道隆）
（道長）
綏子
6
三条（居貞親王）
原子
妍子
小一条院（敦明親王）
敦儀親王
敦平親王
当子内親王
禔子内親王
師明親王
禎子内親王

藤原道長年譜

年（西暦）	天皇	年齢（数え）	事績（関連事績も含む）
康保三年（九六六）	村上	一	この年、藤原兼家の五男として誕生。
康保四年（九六七）	冷泉	二	五月、村上天皇崩御。憲平親王が践祚（冷泉天皇）。 九月、兄・為平親王をさしおき、守平親王（後の円融天皇）が立太子する。 十月、冷泉天皇が即位。
安和二年（九六九）	冷泉	四	三月、源満仲が為平親王擁立の謀反を密告、為平外舅の左大臣源高明が左遷される（安和の変）。 八月、冷泉天皇が譲位し、守平親王が受禅（円融天皇）。師貞親王（後の花山天皇）が立太子する。 九月、円融天皇が即位。
天元元年（九七八）	円融	一三	十月、兼家、右大臣となる。 十一月、姉・詮子、円融天皇の女御となる。
天元三年（九八〇）	円融	一五	正月、従五位下に叙爵。 正月、母の時姫が薨去。 六月、円融天皇と詮子の間に懐仁親王（後の一条天皇）生まれる。
天元五年（九八二）	円融	一七	正月、昇殿を聴される。 正月、居貞親王（後の三条天皇）の母・超子が薨去。

永観二年（九八四）	花山	一九	八月、円融天皇が譲位し、師貞親王が受禅（花山天皇）。懐仁親王（後の一条天皇）が立太子する。 十月、花山天皇が即位。
寛和二年（九八六）	一条	二一	六月、兼家の陰謀により、花山天皇が出家する。懐仁親王が践祚（一条天皇）。兼家、摂政となる。 七月、詮子、皇太后となる。 七月、居貞親王（後の三条天皇）が立太子する。
永延元年（九八七）		二二	九月、兼家の女・綏子が東宮・居貞親王の妃となる。 九月、一条天皇が即位。 十二月、源倫子と結婚。
永延二年（九八八）		二三	正月、権中納言となる。 この年、源明子と結婚。 この年、倫子、彰子を出産。
永祚元年（九八九）		二四	二月、兄の道隆、内大臣となる。 十二月、兼家、太政大臣となる。
正暦元年（九九〇）		二五	五月、兼家、関白となる。 五月、道隆、関白、次いで摂政となる。 七月、兼家薨去。 十月、道隆の女・定子、一条天皇の中宮となる。
正暦二年（九九一）		二六	二月、円融院崩御。 九月、詮子が出家し、東三条院となる。

	一条	
		九月、権大納言となる。 十一月、藤原済時の女・娍子、東宮・居貞親王（後の三条天皇）の妃となる。
正暦三年（九九二）	二七	正月、倫子、頼通を出産。
正暦四年（九九三）	二八	四月、道隆が関白となる。 七月、倫子の父・源雅信薨去。 八月、天台宗が山門派と寺門派に分裂する。 この年、明子、頼宗を出産。
正暦五年（九九四）	二九	三月、倫子、妍子を出産。 五月、娍子、東宮・居貞親王の王子・敦明王を出産。 八月、兄の道兼が右大臣、道隆の男・伊周が内大臣となる。 この年、明子、顕信を出産。
長徳元年（九九五）	三〇	四月、道隆薨去。道兼が関白となる。 五月、道兼薨去。道長、内覧となる。 六月、内大臣伊周をおさえ、右大臣となる。
長徳二年（九九六）	三一	四月、長徳の変によって、伊周・隆家が左遷される。 五月、中宮定子が出家。 六月、倫子、教通を出産。 七月、左大臣となる。 十二月、定子、脩子内親王を出産。
長徳三年（九九七）	三二	四月、隆家、帰京する。

			十二月、伊周、帰京する。
長保元年（九九九）	一条	三四	二月、彰子、着裳の儀。 六月、内裏が焼亡し、一条天皇は一条院に遷御。 十一月、彰子、入内し、一条天皇の女御となる。 十一月、定子、敦康親王を出産。 十二月、倫子、威子を出産。
長保二年（一〇〇〇）		三五	二月、彰子、中宮となる。 二月、定子、皇后となる。 十月、一条天皇、内裏に還御する。 十二月、定子、媄子内親王を出産。崩御。
長保三年（一〇〇一）		三六	十一月、内裏が焼亡し、一条天皇は一条院に遷御。 閏十二月、詮子崩御。
長保五年（一〇〇三）		三八	二月、頼通が元服。 十月、一条天皇、内裏に還御する。
寛弘元年（一〇〇四）		三九	十一月、妍子、尚侍となる。 十二月、頼宗・顕信が元服。
寛弘二年（一〇〇五）		四〇	八月、明子、長家を出産。 十月、浄妙寺三昧堂落慶。 十一月、伊周が朝議に参預。 十一月、内裏が焼亡し、一条天皇は東三条第に遷御。
寛弘三年（一〇〇六）		四一	三月、一条天皇、一条院に遷御。

			十二月、教通・能信が元服。 十二月、法性寺に五大堂を建立。 十二月、紫式部、彰子に出仕。
寛弘四年（一〇〇七）	一条	四二	正月、倫子、嬉子を出産。 八月、金峯山詣。 十二月、浄妙寺多宝塔落慶。
寛弘五年（一〇〇八）	一条	四三	二月、花山院崩御。 九月、彰子、敦成親王（後の後一条天皇）を出産。 十月、一条天皇、土御門第に行幸。
寛弘六年（一〇〇九）	一条	四四	二月、伊周の朝参停止。 十月、一条院が焼亡し、一条天皇は枇杷殿に遷御。 十一月、彰子、敦良親王（後の後朱雀天皇）を出産。 この年、頼通、隆姫女王と結婚。
寛弘七年（一〇一〇）	一条	四五	二月、妍子、東宮・居貞親王（後の三条天皇）の妃となる。 七月、敦康親王元服。 十一月、一条天皇が一条院に還御。
寛弘八年（一〇一一）	三条	四六	六月、一条天皇が譲位し、居貞親王が受禅（三条天皇）。 六月、敦成親王（後の後一条天皇）が立太子する。 六月、一条院崩御。 八月、三条天皇、内裏に遷御。 八月、関白を固辞し、内覧となる。

	三条		八月、妍子・娍子、三条天皇の女御となる。 十月、三条天皇が即位。 十月、冷泉院崩御。
長和元年（一〇一二）		四七	正月、男の顕信が出家。 二月、妍子、三条天皇の中宮となる。 四月、娍子、三条天皇の皇后となる。 八月、威子、尚侍となる。
長和二年（一〇一三）		四八	七月、妍子、禎子内親王を出産。 九月、三条天皇、土御門第に行幸。
長和三年（一〇一四）		四九	二月、内裏が焼亡し、三条天皇は四月に枇杷殿に遷御。
長和四年（一〇一五）		五〇	八月、道長、三条天皇に譲位を迫る。 九月、三条天皇、内裏に還御。 十月、摂政に准じ、除目・官奏を行なう。 十一月、内裏が焼亡し、三条天皇は枇杷殿に遷御。
長和五年（一〇一六）	後一条	五一	正月、三条天皇が譲位し、敦成親王が受禅（後一条天皇）。道長が摂政となる。 正月、敦明親王が立太子する。 二月、後一条天皇が即位。 六月、後一条天皇が一条院に遷御。 七月、土御門第が焼亡。 十二月、左大臣を辞任。

寛仁元年（一〇一七）	後一条	五二	三月、摂政を辞任。頼通が摂政となる。 五月、三条院崩御。 八月、敦明親王、東宮を辞し、敦良親王（後の後朱雀天皇）が立太子する。 十二月、太政大臣になる。
寛仁二年（一〇一八）		五三	正月、後一条天皇元服。彰子、太皇太后となる。 二月、太政大臣を辞任。 三月、威子が後一条天皇に入内。 四月、威子、女御となる。 四月、後一条天皇、内裏に遷御。 十月、妍子、皇太后となり、威子は中宮となる。望月の歌を詠む。 十月、後一条天皇、土御門第に行幸。東宮・三后、土御門第に行啓。 十二月、敦康親王薨去。
寛仁三年（一〇一九）		五四	三月、出家する。 四月、刀伊の入寇。 十二月、頼通、関白となる。
寛仁四年（一〇二〇）		五五	三月、無量寿院落慶。
治安元年（一〇二一）		五六	二月、嬉子が東宮敦良親王に入侍。二月、倫子出家。 五月、顕光薨去。 七月、頼通が左大臣、教通が内大臣となる。

治安二年（一〇二二）	後一条	五七	七月、無量寿院を法成寺とあらため、金堂落慶。 七月、後一条天皇、法成寺に行幸。
治安三年（一〇二三）		五八	十月、高野山に参詣。
万寿元年（一〇二四）		五九	二月、京都で大火。 十月、有馬温泉へ湯治に行く。
万寿二年（一〇二五）		六〇	七月、寛子薨去。 八月、嬉子薨去。
万寿三年（一〇二六）		六一	正月、彰子が出家、上東門院となる。
万寿四年（一〇二七）		六二	三月、禎子内親王が東宮敦良親王に入侍。 五月、顕信遷化。 九月、妍子崩御。 十一月、後一条天皇、法成寺に行幸。 十二月四日、薨去。七日、鳥辺野で葬送され、木幡に埋葬される。

①中和院
②職曹司
③小安殿
④大極殿
⑤太政官庁
⑥一条院（道長）
⑦一条院別納（道長）
⑧一条第（道長）
⑨染殿
⑩高倉第（道長）
⑪鷹司殿（源倫子）
⑫土御門第（道長）
⑬枇杷殿（道長）
⑭小一条院
⑮花山院
⑯小野宮（実資）
⑰陽成院
⑱町尻殿（道兼）
⑲二条殿（道長）
⑳法興院
㉑堀河殿（顕光）
㉒閑院（公季）
㉓東三条第（道長）
㉔東三条第南院（道長）
㉕室町第（道隆）
㉖小二条殿（教通）
㉗三条院（道長）
㉘竹三条宮
㉙高松殿（源明子）
㉚三条第（行成）

国土地理院発行 1/25,000 地形図「京都東北部」「京都西北部」を基に、縮小・加筆して作成。

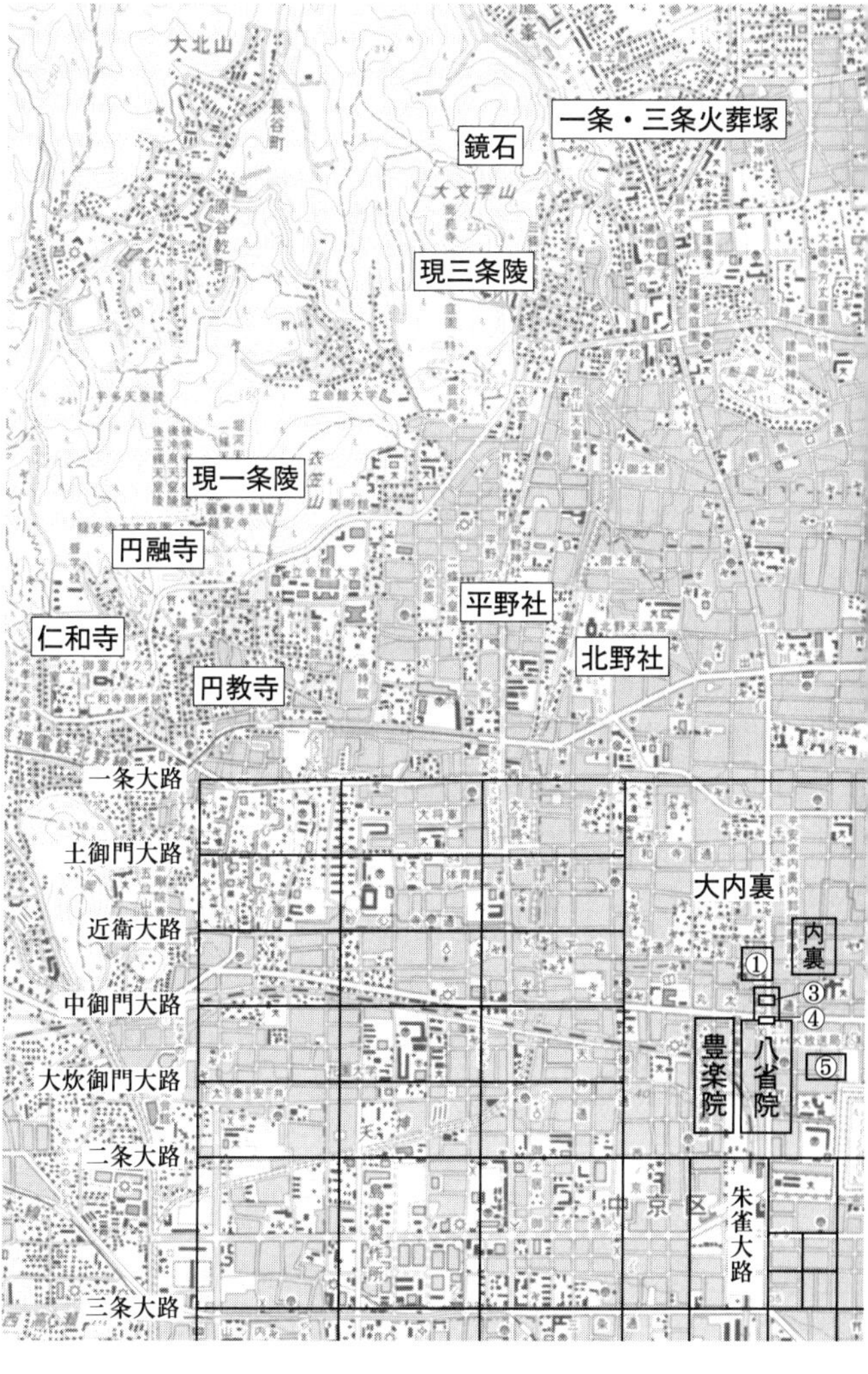

関係地図（平安京北半・北辺）

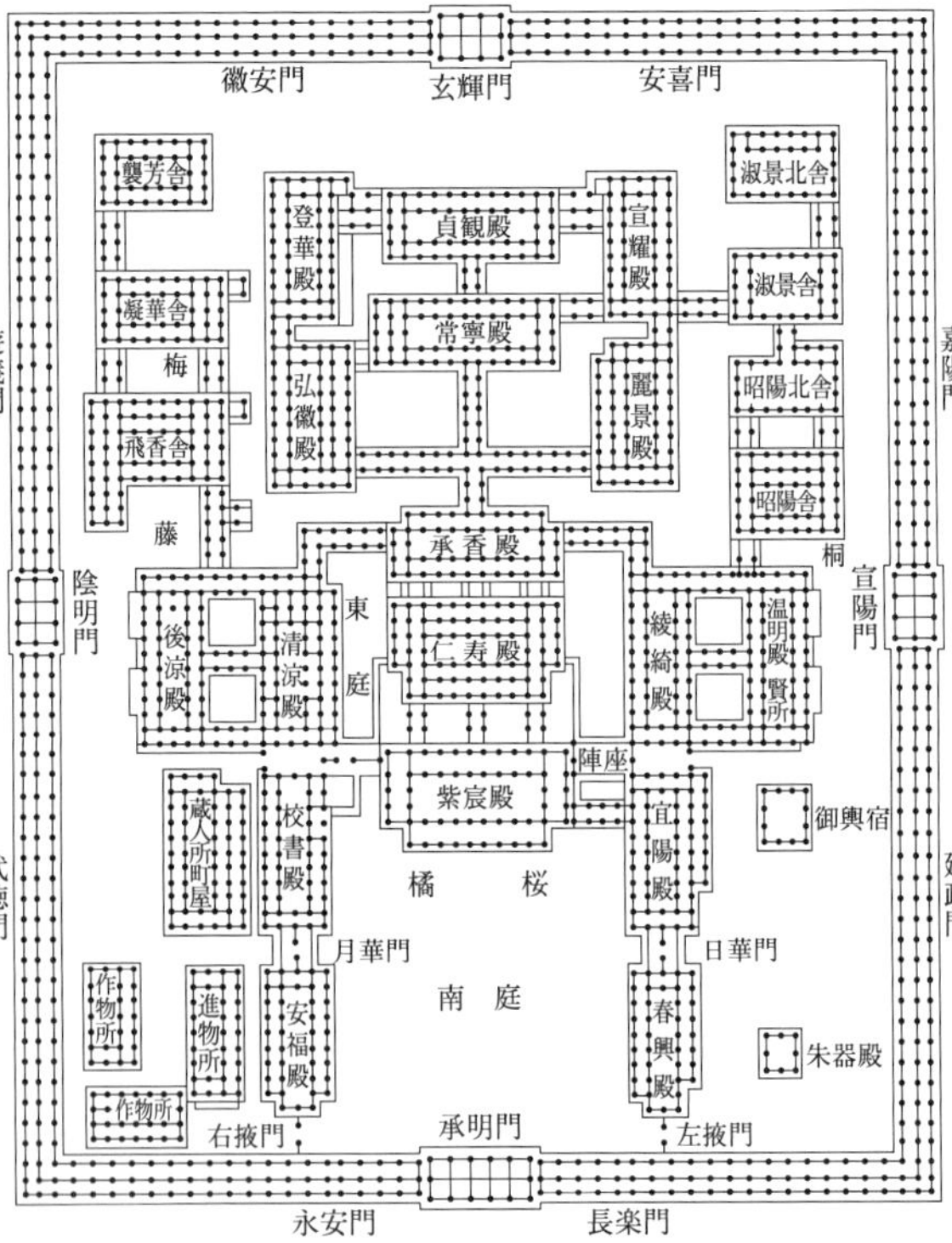
徽安門
玄輝門
安喜門
襲芳舎
淑景北舎
登華殿
貞観殿
宣耀殿
淑景舎
凝華舎
常寧殿
遊義門
嘉陽門
梅
弘徽殿
麗景殿
昭陽北舎
飛香舎
昭陽舎
藤
承香殿
桐
陰明門
宣陽門
東庭
後涼殿
清涼殿
仁寿殿
綾綺殿
温明殿
賢所
陣座
紫宸殿
蔵人所町屋
校書殿
宜陽殿
御輿宿
武徳門
延政門
橘
桜
月華門
日華門
作物所
進物所
安福殿
南庭
春興殿
朱器殿
作物所
右掖門
承明門
左掖門
永安門
長楽門

平安宮内裏図

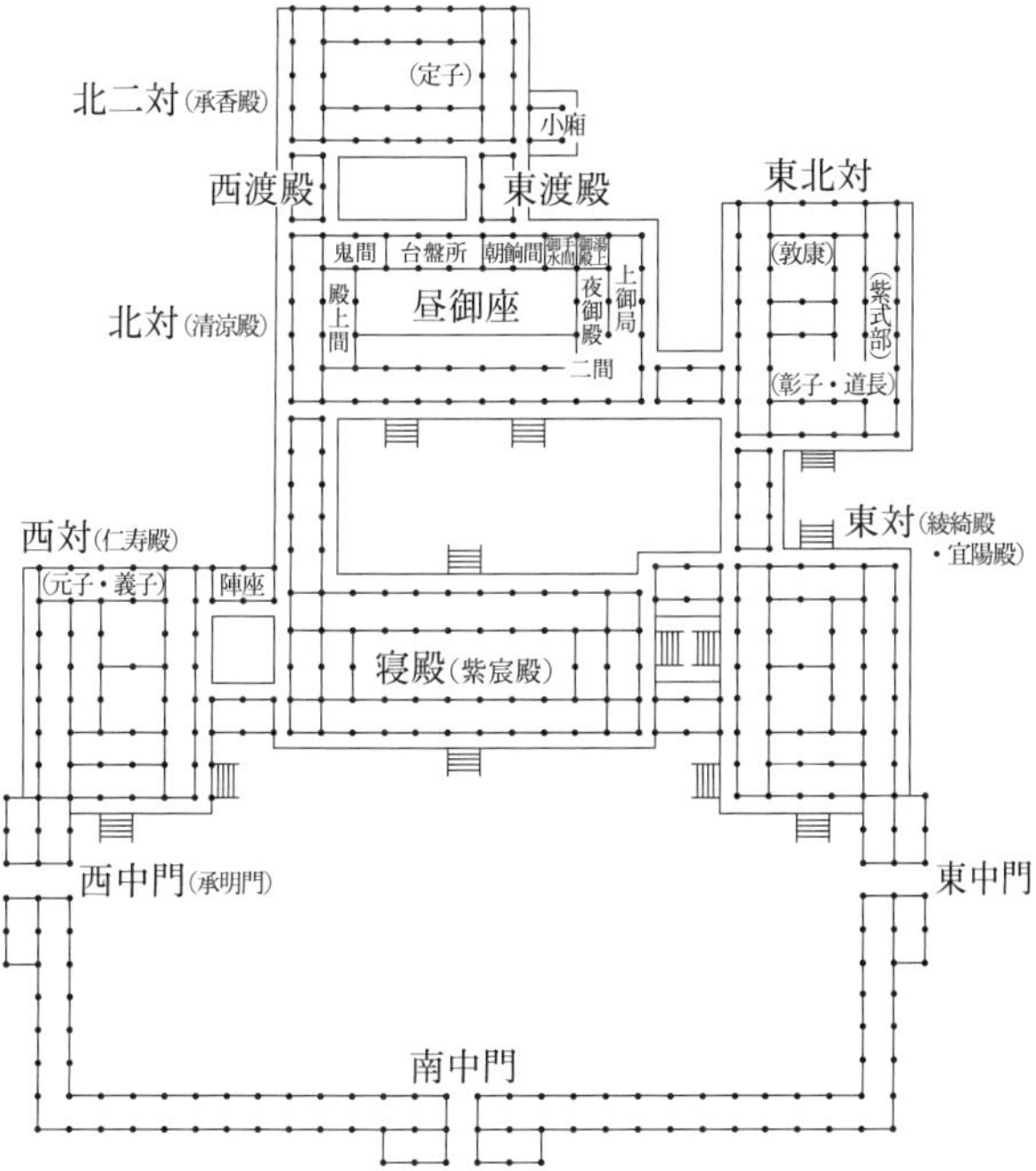

（定子）
北二対（承香殿）
小廂
西渡殿
東渡殿
東北対
鬼間
台盤所
朝餉間
御手水間
御湯殿上
（敦康）
（紫式部）
殿上間
昼御座
夜御殿
上御局
北対（清涼殿）
二間
（彰子・道長）
東対（綾綺殿・宜陽殿）
西対（仁寿殿）
（元子・義子）
陣座
寝殿（紫宸殿）
西中門（承明門）
東中門
南中門

一条院内裏図

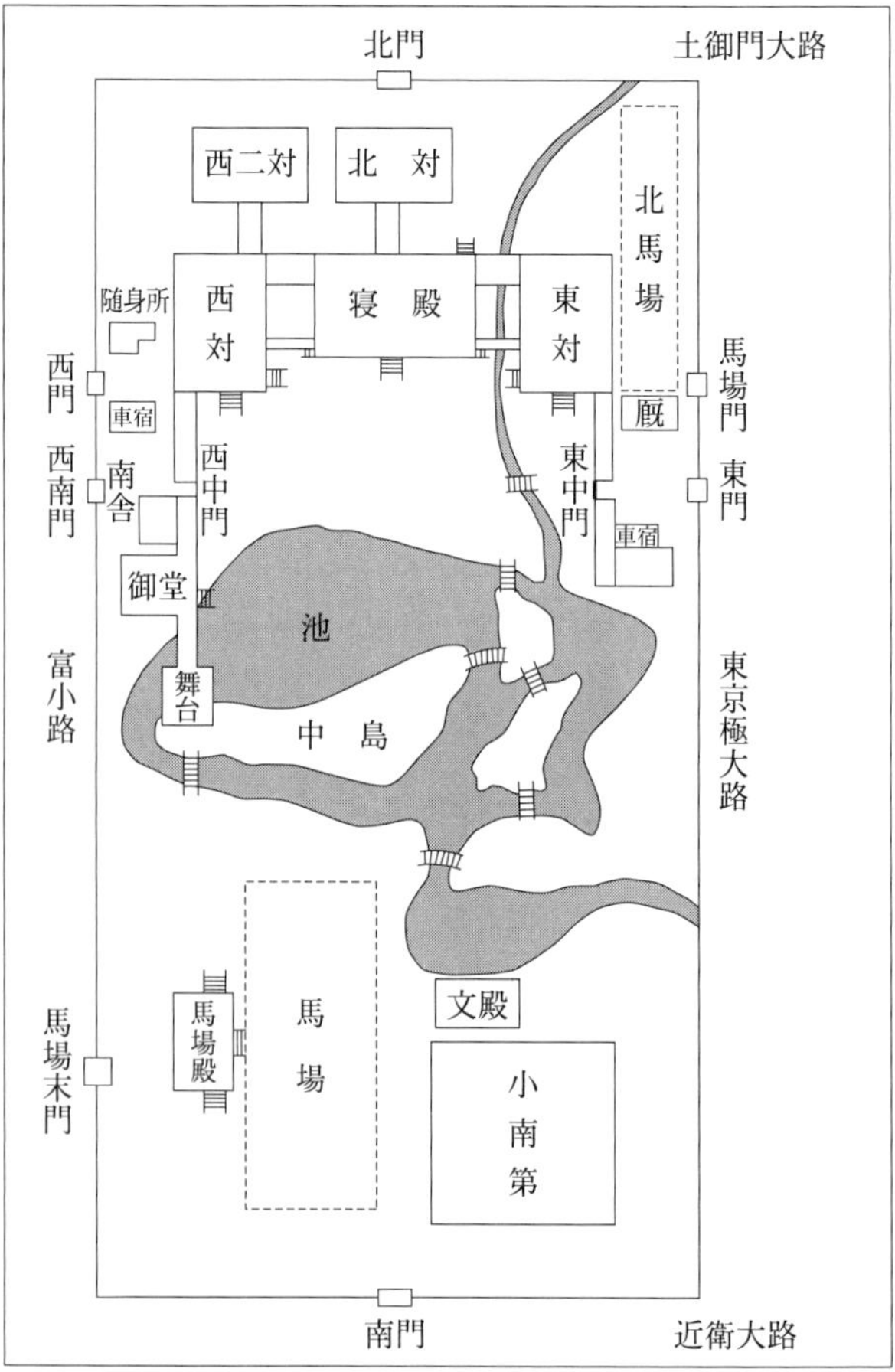

土御門第図（山本利達氏による）

倉本一宏（くらもと　かずひろ）

1958年、三重県津市生まれ。東京大学大学院人文科学研究科国史学専門課程博士課程単位修得退学。博士（文学、東京大学）。現在、国際日本文化研究センター教授。専門は日本古代政治史、古記録学。著書に『摂関政治と王朝貴族』『一条天皇』『三条天皇』『藤原道長の日常生活』『藤原氏』『公家源氏』『平安京の下級官人』『平氏』など。『御堂関白記』『権記』『小右記』の現代語訳も上梓している。

文春新書

1423

増補版《ぞうほばん》 藤原道長《ふじわらのみちなが》の権力《けんりよく》と欲望《よくぼう》　紫式部《むらさきしきぶ》の時代《じだい》

2023年8月20日　第1刷発行

著　者　倉　本　一　宏
発行者　大　松　芳　男
発行所　株式会社　文　藝　春　秋

〒102-8008　東京都千代田区紀尾井町3-23
電話（03）3265-1211（代表）

印刷所　理　想　社
付物印刷　大　日　本　印　刷
製本所　大　口　製　本

定価はカバーに表示してあります。
万一、落丁・乱丁の場合は小社製作部宛お送り下さい。
送料小社負担でお取替え致します。

ISBN978-4-16-661423-3